审时度势

大宗商品价格波动与传导效应研究

吕云龙◎著

中国市场出版社
China Market Press
·北 京·

图书在版编目（CIP）数据

审时度势：大宗商品价格波动与传导效应研究 / 吕云龙著. —北京：中国市场出版社有限公司，2022.10
ISBN 978-7-5092-2264-5

Ⅰ. ①审… Ⅱ. ①吕… Ⅲ. ①商品价格—物价波动—研究—中国 Ⅳ. ①F726.1

中国版本图书馆CIP数据核字（2022）第181013号

审时度势：大宗商品价格波动与传导效应研究
SHENSHI DUOSHI: DAZONG SHANGPIN JIAGE BODONG YU CHUANDAO XIAOYING YANJIU

著　　者：吕云龙
责任编辑：晋璧东（874911015@qq.com）
出版发行：中国市场出版社
社　　址：北京市西城区月坛北小街2号院3号楼（100837）
电　　话：（010）68033539/68036672/68020336
经　　销：新华书店
印　　刷：河北鑫兆源印刷有限公司
成品尺寸：170mm × 240mm　开　　本：16开
印　　张：13　字　　数：260千
图　　数：63　表　　数：44
版　　次：2022年10月第1版　印　　次：2022年10月第1次印刷
书　　号：ISBN 978-7-5092-2264-5
定　　价：88.00元

目录

第一章　大宗商品基本概念与特征

本章主要对大宗商品基本概念、市场运行特征以及大宗商品市场出现的新趋势进行分析。

一、基本概念

大宗商品是指可进入流通领域，用于生产和消费的可大量交易的商品。大宗商品种类繁多，主要可分为三类：一是农产品，包括玉米、小麦、大豆、稻谷、豆油、豆粕、棉花、糖、可可、咖啡、燕麦、鸡蛋、牛、猪等；二是金属，包括铜、铝、铅、锌、镍、铂、铁、黄金、白银等；三是能源，包括原油、汽油、天然气、煤炭、乙醇、电力等。

大宗商品具有如下几个本质特征。

一是基础性和战略性。大宗商品位于社会生产的最前端和产业链供应链的最上游，在现代经济体系中不可或缺，比如煤炭、石油被称作“工业的粮食”和“工业的血液”。同时，大宗商品是一种具有战略意义的特殊商品，是事关国家安全、政治稳定、经济发展和社会和谐的战略物资，美国前国务卿基辛格说过："谁控制了石油，谁就控制了所有国家；谁控制了粮食，谁就控制了人类。"西方发达国家垄断了石油霸权、粮食霸权，石油、粮食等成为西方发达国家稳固国际领导地位、维护霸权利益的重要战略物资。

二是"量"大。大宗商品的产量、需求量、贸易量、运输量大。以原油和铁矿石为例，2020年全球原油产量、消费量、出口量和海运量分别为41.7亿吨、40.1亿吨、21亿吨、18.6亿吨，全球铁矿石产量、消费量、出口量和海运量分别为23.4亿吨、23亿吨、16.1亿吨、15亿吨。

三是品种单一、同质性强、易于标准化。相对于中下游行业尤其是下游消费品行业，大宗商品种类较少、同质性较强。

二、大宗商品市场基本特征

大宗商品市场呈现周期性、结构性、金融性、敏感性等特征。

（一）周期性

受宏观经济波动、美元走势、商品供给弹性等因素影响，大宗商品价格波动呈现出明显的周期性。纵观历史上的经济增长周期，历次全球经济复苏和繁荣都会拉动投资、消费和贸易量上涨，大幅提振大宗商品需求，带动大宗商品价格进入上涨通道。以表征国际大宗商品价格的CRB指数（商品指数）为例，CRB指数走势与全球经济周期具有明显较强的趋同性（如图1–1所示）。

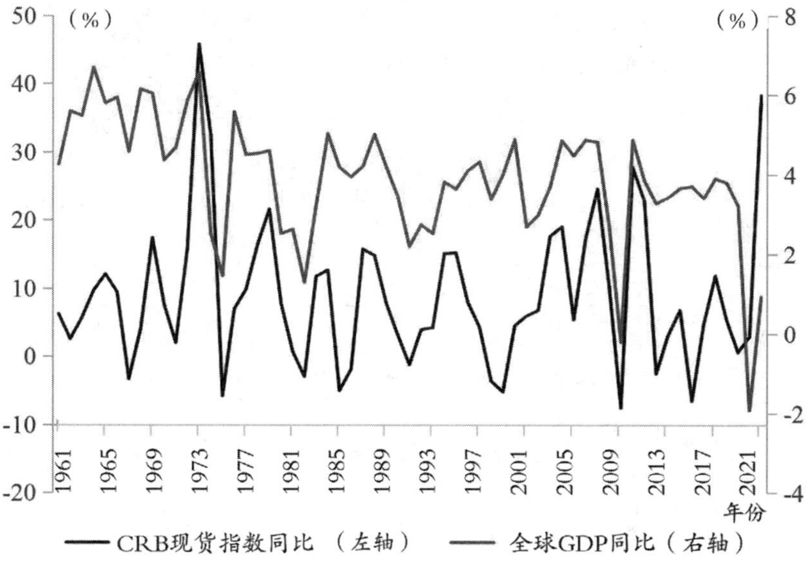

图1–1　国际大宗商品价格与全球经济周期基本趋同

数据来源：世界银行、Wind。

同时，美元作为国际大宗商品的主要定价货币，其汇率变化会影响国际大宗商品的价格。美元与国际大宗商品价格之间存在明显的负相关关系，美元汇率处于上升周期时，国际大宗商品的价格往往会下降，比如，1995—2002年和2011—2020年，美元持续升值，国际大宗商品的价格下行。相反，当美元汇率处于下降周期时，国际大宗商品的价格则会上升，比如2002—2011年，美元汇率大幅贬值，国际大宗商品的价格则大幅上涨。具体参见图1–2所示。

图1-2　国际大宗商品价格与美元周期呈现相反走势

数据来源：Wind。

此外，大宗商品价格与库存周期密切相关。短期来看，当商品库存处于高位时，价格往往较低；当库存水平处于低位时，价格往往会大幅上涨。价格走势与库存规模呈现明显的负相关关系。以原油为例，全球原油均价和经济与合作组织国家的原油库存走势明显相反。具体参见图1-3所示，另外参考专栏1-1的内容。

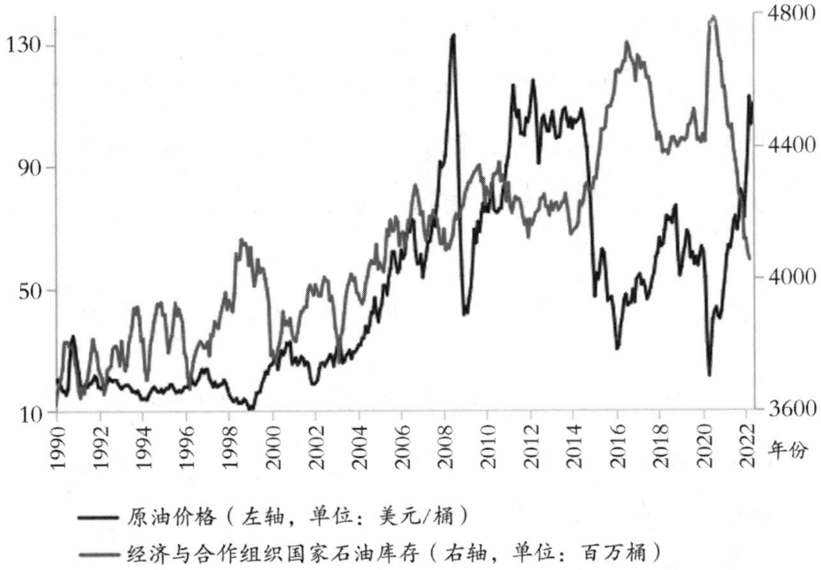

图1-3　原油价格和经济与合作组织国家石油库存短期走势相反

数据来源：世界银行、EIA。

专栏1-1　猪周期分析

猪周期是最为经典的商品价格波动周期之一。猪周期是指生猪供需不平衡造成价格周期性波动的现象，具体表现为：供不应求造成猪肉价格上涨，养殖户会扩大产能，补栏能繁母猪，育肥成熟后生猪供给量增加，价格下降，养殖户缩减产能，淘汰能繁母猪，猪肉供给减少，猪肉价格重新回升，往复循环，形成周期性波动。

1.猪周期理论基础

（1）猪周期具有分散型蛛网模型的特征。考虑到生猪供给对需求的反应滞后，本文使用蛛网模型来分析猪肉价格在偏离均衡状态后的实际波动过程及其结果。基本假定是：猪肉的当期供给量由上一期价格决定，即供给函数为$Q_t(S)=a+bP_{t-1}$；需求量由当期价格决定，即需求函数为$Q_t(D)=c-dP_t$。通过迭代，可以得到第t期的产品价格为：

$$P_t=(P_0-P_e)(-\frac{b}{d})^t+P_e \quad (1)$$

其中，P_e表示均衡价格。根据上式，当$t\to\infty$时，若$b<d$，则$P_t\to P_e$，实际价格将围绕均衡价格上下波动。若$b>d$，则$P_t\to\infty$，实际价格将以更大的幅度围绕均衡价格上下波动。若$b=d$，则实际价格以相同的幅度围绕均衡价格上下波动。因此，关键在于猪肉的需求曲线斜率和供给曲线斜率的相对大小。

考虑到猪肉需求具有刚性特征，供给对猪肉价格的变化更为敏感，供给价格弹性大于需求价格弹性，因此需求曲线斜率小于供给曲线，猪周期具有发散型蛛网模型的特征，具体表现为：

假定第一期受外部冲击，猪肉产量从均衡水平Q_e缩减至Q_1，根据需求函数，消费者愿意支付的价格为P_1，按照供给曲线，生产者将第二期的猪肉产量增加为Q_2。在第二期，消费者愿意支付的价格降至P_2，生产者将第三期的猪肉产量减少为Q_3。在第三期，消费者愿意支付的价格升至P_3，价格上升后，生产者又将第四期的猪肉产量增加为Q_4。如此循环，可以发现猪肉的产量和价格的波动越来越大。因此，猪周期属于发散性蛛网模型，受到外部冲击时的价格波动幅度较大。具体参见图1所示。

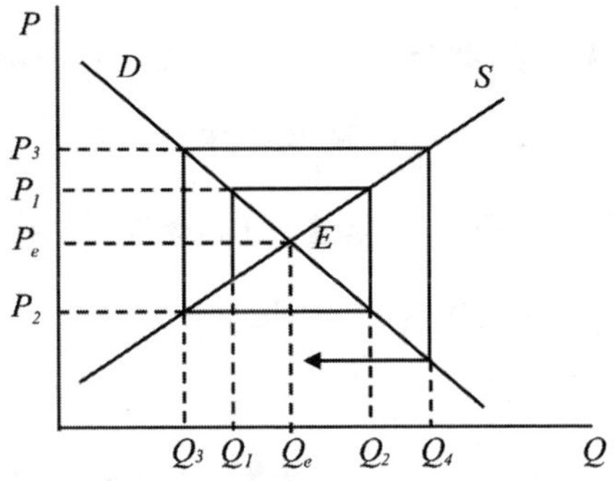

图1　猪周期波动模型

（2）相对松散的市场结构易陷入“囚徒困境”，放大猪周期波动。我国生猪生产市场相对松散，在市场价格波动时容易陷入“囚徒困境”。为了分析简便，假设有两个养殖户：养殖户1和养殖户2[1]。当猪肉价格上涨时，在策略选择上，任何一个养殖户可以选择多养或者少养，利润为参与收益，以价格上涨为例，当养殖户都选择多养时，收益都为6；当养殖户都选择少养时，收益为8；当一个养殖户选择少养，另一个养殖户选择多养时，收益分别为5和9。在这种情况下，养殖户最好的决策都为少养，每个人收益为8，总收益为16。但是，养殖户1和养殖户2不会都选择少养。因为对于养殖户1来说，最好的结果是养殖户2少养而

[1] 本模型也适用于多个养殖户的情形。

自己多养。如果养殖户2选择少养而自己选择多养，则自己的收益为9；如果养殖户2选择多养，自己的最优策略为多养，收益为6。因此，不管养殖户2选择多养还是少养，养殖户1的最优选择都为多养。反过来，养殖户2也是同样的想法，即无论养殖户1选择多养还是少养，养殖户2的最优选择都是多养。因此，养殖户1和养殖户2的决策都是多养，结果两人的收益均为6，总收益为12，比两人均选择少养的收益要差。

如果养殖户可以形成“合谋”，均选择少养，那么可以获得最大收益，未来产能不会增加太多。但是，由于我国生猪市场结构相对分散，“合谋”的组织成本、信息成本太大，不具有经济性，生猪市场难以形成“合谋”。因此，在价格上涨时，养殖户都会选择尽可能多养，增加未来潜在产能，进而放大了猪周期波动。上述内容具体参见表1所示。

表1　养殖户面临的“囚徒困境”

项目1 / 项目2		养殖户2决策	
		多养	少养
养殖户1决策	多养	6，6	9，5
	少养	5，9	8，8

2.我国猪肉价格周期性波动特征明显

猪周期具有发散型蛛网模型的特征，在受到外部冲击时，其产量和价格波动剧烈。与此同时，我国相对分散的生猪生产市场结构易陷入“囚徒困境”，放大猪周期波动幅度。2006年以来，我国经历了如下4轮猪周期。

第一轮猪周期是2006年中至2010年6月，历时4年左右，上行期涨幅为135.3%，下行期跌幅为43.3%。此轮猪周期主要受内生动力以及高致病性猪蓝耳病等外部因素共同推动。2006年生猪价格大幅下跌，养殖户处于亏损状态，持续退出市场，供给减少。2007年高致病性猪蓝耳病暴发，严重影响了生猪补栏，推动猪肉价格加速上行。

第二轮猪周期是2010年6月至2014年4月，历时约4年，上行期涨幅为104.6%，下行期跌幅为43.5%。此轮猪周期主要受内生动力推动，外部因素干扰较少。2009年以来，能繁母猪存栏量持续下滑，对猪肉供给的影响在2010年显现，猪肉价格上行。

第三轮周期是2014年4月至2018年5月，历时4年，上行期涨幅为76.6%，下行期跌幅为47.7%。此轮猪周期主要受环保政策、暴发猪丹毒疫情推动。2014年以来出台的环保禁养政策，导致大量散户退出市场，2015年上半年暴发猪丹毒疫情加剧了猪肉供应紧张，推动此轮猪周期上行。

第四轮周期为2018年5月至今，已历时4年多，上行期涨幅为253.2%，价格上涨幅度为历次猪周期之最，2021年后进入下行周期。本轮猪周期受到非洲猪瘟、环保限产政策、猪周期内生上涨动能等多重因素影响。2019年下半年以来，猪肉价格持续处于高位，养猪高收益吸引了大量资本进入，生猪产能大幅扩张。当前生猪存栏已经恢复到接近正常年份水平，但是受新冠肺炎疫情影响，猪肉需求明显不足，供过于求使得价格大幅下降。

上述内容具体参见图2所示。

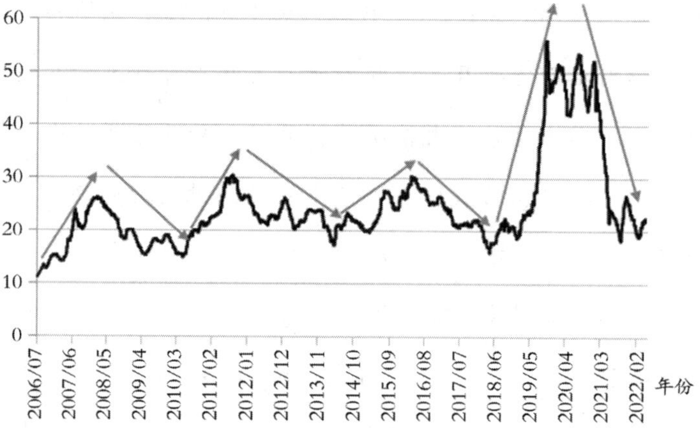

图2　2006年以来22省份猪肉平均价格走势（单位：元/千克）

数据来源：中国畜牧业信息网。

综上，我国每轮猪周期平均持续时间在3年左右，上行期平均涨幅超过100%，下行期平均跌幅在45%左右。猪周期波动基本符合发散型蛛网模型的特征，不同的是，发散型蛛网模型认为价格会波动至无限大，但是现实中的价格波动有上下限，主要原因是消费者和生产者对价格存在容忍极限，消费者可接受的最高价决定猪肉价格波动上限，生产端养殖户可接受的最低价决定猪肉价格的波动下限。

（二）结构性

由于自然地理、气候环境、空间约束、人口规模、城镇化工业化进程、全球分工地位等因素，大宗商品的供给和需求在全球分布非常不均衡，大宗商品生产往往主要集中分布在极少数国家，而消费又集中在另一些国家。以铁矿石为例，全球产量主要集中在澳大利亚、巴西等大洋洲和南美洲国家，其中，澳大利亚、巴西产量占全球总产量的比重接近一半，而全球铁矿石消费主要集中在中国、印度、日本等亚洲国家，其中，中国的需求占比超过一半。同时，生产容易形成寡头垄断，必和必拓、力拓、淡水河谷、FMG等四大矿商垄断了全球铁矿石市场，2020年必和必拓、力拓、淡水河谷、FMG铁矿石贸易量合计占到了全球总贸易量的七成左右。

（三）金融性

目前，绝大部分大宗商品已在期货市场上市（如表1-1所示），考虑到大宗商品可以对冲通胀风险和美元汇率风险，金融资本大量进入期货市场，推动了大宗商品市场的金融化。

从宏观层面来看，大宗商品价格对主要经济体的货币政策、流动性宽松程度反应敏感；从微观层面来看，商品市场金融化具体主要表现为：（1）不同商品价格变动的相关性较高。理论上，各个大宗商品价格主要由自身供需因素决定，商品之间价格的相关性应该较低，但是现实中不同大宗商品价格走势的相关性明显很高。（2）被计入大宗商品价格指数的期货品种之间的相关性明显高于未被计入价格指数的期货品种之间的相关性。（3）大宗商品期货价格与股票市场等其他金融类资产价格之间的相关性较高（Tang and Xiong，2012；Cheng and

Xiong，2013）。

表1-1 全球主要期货交易所上市的商品品种

期货交易所	商品品种
上海期货交易所	铜、铝、锌、铅、镍、锡、黄金、白银、螺纹钢、线材、热轧卷板、原油、燃料油、石油沥青、天然橡胶、纸浆、20号胶、不锈钢、低硫燃料油、国际铜等
郑州商品交易所	普通小麦、优质强筋小麦、早籼稻、晚籼稻、粳稻、棉花、棉纱、油菜籽、菜籽油、菜籽粕、白糖、苹果、红枣、动力煤、甲醇、精对苯二甲酸（PTA）、玻璃、硅铁、锰硅、尿素、纯碱、短纤、花生等
大连商品交易所	豆粕、豆油、黄大豆1号、黄大豆2号、棕榈油、玉米、玉米淀粉、生猪、鸡蛋、粳米、胶合板、纤维板、聚氯乙烯、聚丙烯、聚乙烯、乙二醇、苯乙烯、焦炭、焦煤、铁矿石、液化石油气等
洲际交易所（ICE）	NYBOT2号棉花、11号糖、可可、咖啡、NYBOT冷冻浓缩橙汁、北海原油、轻质原油、取暖油、柴油、RBOB汽油、英国天然气、理查兹贝煤炭、鹿特丹煤炭
芝加哥商品交易所（CME）	活牛、饲牛、瘦肉猪、三级牛奶
芝加哥期货交易所（CBOT）	大豆、玉米、小麦、燕麦、稻谷、豆粕、大豆油、乙醇
纽约商品交易所（NYMEX）	轻质低硫原油、取暖油、Henry Hub天然气、RBOB汽油、铂、钯
伦敦金属交易所（LME）	铜、铝、铅、锌、镍、钴、钼、铝合金
东京商品交易所（TOCOM）	3号烟片胶、钯、柴油、黄金、煤油、铂、汽油、银、原油、中京煤油、中京汽油

数据来源：各交易所官网。

（四）敏感性

大宗商品的供给价格弹性和需求价格弹性都很低，即无论是供给还是需求，对价格都不敏感。因此，供给变动或需求变动会导致其价格大幅波动，叠加国际大宗商品供需的结构性特征，大宗商品价格极易受地缘政治、气候环境等突发因素影响。以粮食为例，历次全球粮食危机背后都有气候因素或者地缘政治因素，以CRB食品现货指数为参考，“二战”以来共发生过七次粮食价格大幅上涨，其中，战争冲突、极端气候、能源危机、疫情等突发性因素是导致过去几次粮食危机暴发的重要原因。具体参见图1–4所示。

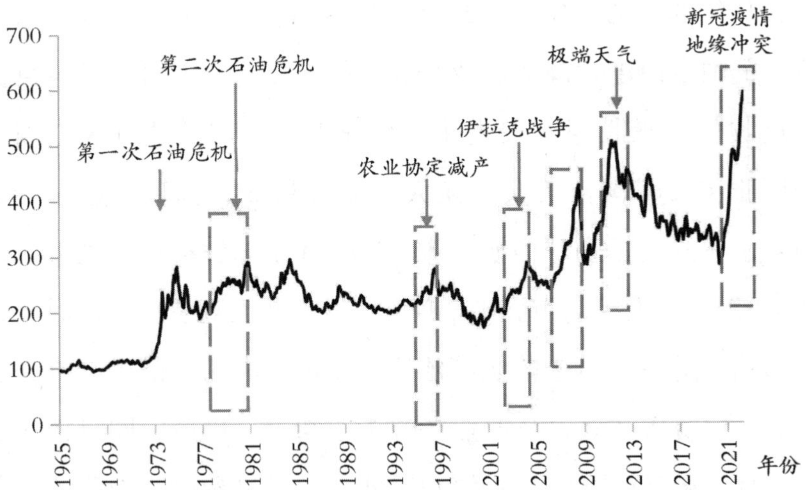

图1–4　1965年以来CRB食品价格走势

数据来源：Wind。

三、大宗商品市场新趋势

近年来，百年变局与世纪疫情交织叠加，受供给冲击、航运瓶颈、贸易保护等因素影响，能源、资源和粮食安全成为各国关注的焦点，全球大国围绕大宗商品的争夺日趋激烈。发达国家及跨国垄断资本进一步加强对全球大宗商品的争夺与控制，国际大宗商品市场出现一些新趋势。

（一）大宗商品供给集中度提升，金融寡头加强资本控制

近些年，大宗商品巨头企业在全球范围内频频开展并购收购，供给寡头垄断的市场格局逐渐强化。铁矿石方面，必和必拓、力拓、FMG、淡水河谷等四大矿商产量占全球的比重从2010年的25%提高至2020年的44%。铜矿方面，智利国家铜业、美国自由港、澳大利亚必和必拓、瑞士嘉能可等矿业巨头通过收购、参股等方式垄断了全球十大铜矿。锂资源方面，美国雅宝、美国富美实、澳大利亚泰利森、智利矿业化工等四家企业共占据全球锂矿资源的70%和全球锂矿产能的90%。“ABCD”四大粮商掌握了全球70%以上的大豆货源，同时还将其影响力进一步向全产业链延伸，通过为农场提供优惠贷款、服务、农资等方式，从产业链源头垄断大豆供应。同时，在美洲大豆主产区建立大量仓储和采购点，通过参股、控股等方式控制码头等关键交通设施，打造具有强大竞争力的物流公司，在全球各地布局生产加工基地，并掌控销售渠道。

与此同时，资源企业背后的金融寡头加强了资本控制。比如，贝莱德资本同时是农产品巨头ADM、邦吉，铁矿石巨头淡水河谷，矿业巨头自由港、嘉能可的主要股东。金融资本通过交叉持股来加强资源掌控，影响企业生产经营，促进合谋控制产量和价格，攫取高额利润。

上述内容具体参见表1–2所示。

表1-2　大宗商品垄断企业和国际资本控股情况

商品种类	寡头垄断企业	所属国家	控股情况
农产品	ADM	美国	先锋集团（10.06%） 贝莱德集团（6.75%） 道富集团（5.7%）
	邦吉	美国	资本世界投资者（11.98%） 先锋集团（9.1%） 贝莱德集团（6.55%）
	嘉吉	美国	家族企业
	路易达孚	法国	家族企业
铁矿石	必和必拓	澳大利亚	Elliott对冲基金（5.06%） 安本资产管理公司（4.88%）
	力拓	澳大利亚	美国资本集团（5.76%）
	FMG	澳大利亚	家族控股
	淡水河谷	巴西	资本世界投资者（5.9%） 资本研究世界投资者（5.7%） 贝莱德集团（5.4%）
铜精矿	智利国家铜业	智利	智利政府
	自由港	美国	先锋集团（10.47%） 贝莱德集团（8.35%）
	必和必拓	澳大利亚	Elliott对冲基金（5.06%） 安本资产管理公司（4.88%）
	嘉能可	瑞士	贝莱德集团（6.66%）

数据来源：各企业年报。

（二）全球资源矿产争夺加剧

大宗商品供给安全是国家安全的重要组成部分。从全球范围来看，大国普遍重视国家经济安全问题，粮食、矿产、能源等大宗商品的供给保障成为安全问题的重中之重。

与此同时，全球清洁能源转型将重塑全球大宗商品供需格局，根据国际能源署发布的报告，随着各国逐步落实应对气候变化的措施，清洁能源技术所必需的关键矿产需求量在未来几十年将大幅增加，预计到2040年，能源行业对关键矿产的需求将比现在增加6倍，特别是用于电动汽车和电网存储的关键矿产需求将至少增长30倍，稀土、锂、钴等资源的战略地位将进一步上升，叠加全球地缘政治博弈加剧，世界主要国家对矿产资源，尤其是战略性新兴产业所需关键矿产的争夺进一步加剧。

2022年，美国地质调查局发布了对美国经济和国家安全至关重要的50种矿产商品的新清单，与2018年创建的美国国家第一份关键矿物清单相比，新清单增加了镍、锌等15种商品。欧盟发布的《对外战略依存关系》，评估了原材料供应链风险，加大了补贴扶持稀土永磁行业。

同时，西方发达国家强化与主要大宗商品供给国的政治同盟，加强政策协调，强化对战略性资源的掌控能力，2019年美国通过《能源资源治理倡议》，与澳大利亚、巴西、刚果（金）等10国结成联盟，加强能矿产业链控制。美国、澳大利亚、加拿大合作制成“全球矿产3D地图”，为建立能源资源供应链联盟提供基础。欧盟也在建立一个致力于确保原材料可持续供应的工业联盟，保障稀土和永磁体供应链的弹性。

上述内容具体参见表1–3所示。

表1-3 部分国家的关键矿物清单

国家	关键矿物清单
美国	铝、锑、砷、重晶石、铍、铋、铈、铯、铬、钴、镝、铒、铕、萤石、钆、镓、锗、石墨、铪、钬、铟、铱、镧、锂、镥、镁、锰、镍、钕、铌、钯、铂、镨、铑、铷、钌、钐、钪、钽、碲、铽、铥、锡、钛、钨、钒、镱、钇、锌、锆等50种矿产
欧盟	锶、钛、铝土矿、锂、锑、轻稀土元素、磷、重晶石、镓、镁、钪、铍、锗、天然石墨、含硅金属矿物、铋、铪、天然橡胶、钽、硼酸盐、铌、钨、钴、重稀土元素、铂族金属、钒、焦煤、铟、磷酸盐岩、萤石等30种矿产
日本	锂、铍、硼、钛、钒、铬、锰、钴、镍、镓、锗、硒、铷、锶、锆、铌、钼、钯、铟、锑、碲、铯、钡、铪、钽、钨、铼、铂、铊、铋、稀土元素等31种矿物
澳大利亚	锂、镓、钛、铬、锰、钒、钴、钨、铋、锑、镁、铂族金属、铌、钽、铍、锆、稀土、钪、锗、铟、铪、铼、氦、石墨、高纯氧化铝、硅等26种矿产

（三）全球资源民族主义蔓延

近年来，随着能源资源和粮食价格的不断高涨以及新冠肺炎疫情、地缘冲突等因素冲击，全球资源民族主义持续蔓延，主要表现为：限制资源出口、提高矿业行业税收、实施或威胁进行资产国有化等。比如，新冠肺炎疫情暴发和俄乌地缘冲突以来，多个农业大国收紧粮食出口政策，玉米出口大国阿根廷2020年底一度宣布暂停玉米出口，最大小麦出口国俄罗斯2021年初开始对小麦出口征收关税和实施配额。俄乌冲突以来，短短三个月至少有20多个国家禁止或限制主要粮食和农作物出口。同时，部分资源富集国强化了资源民族主义政策。例如，煤炭、镍、铝土矿是印度尼西亚的重要矿产资源，近年来印度尼西亚出台了一系列政策限制煤炭、镍和铝土矿出口，希望通过资源优势换取本土产业发展。与此同时，铜和锂资源丰富的南美国家也在推进资源国有化，世界重要的铜出口国智利开始讨论对矿产企业大幅度增税和本国自然资源国有化，墨西哥也准备通过由国家垄断锂矿资源的宪法修正案，将外国资本排除出本国的锂矿资源开采。

（四）国际大宗商品价格异常波动加剧

近年来，国际期货市场投机氛围浓厚，大宗商品的价格波动加剧，部分商品价格呈现暴涨暴跌态势。新冠肺炎疫情暴发后，原油价格快速下跌，2020年4月3日，芝加哥商品交易所临时修改规则，首次允许负价格申报和成交。2020年4月22日，WTI期货结算价盘中最多跌至-40美元/桶，结算价格跌至-37.63美元/桶，这是石油期货自1983年在纽约商品交易所开始交易后，首次出现负油价，但第二天价格回升至10美元/桶，不到两年后的2022年3月8日，价格持续上升至123.7美元/桶，创金融危机后新高，原油价格的异常波动明显加剧。

再以镍为例，2022年3月7日，伦敦金属交易所的基准镍价连续拉涨88%，价格创下历史新高至55000美元/吨，3月8日，镍主力合约最高一度突破10万美元/吨，两个交易日累计大涨248%，伦敦金属交易所不得不选择宣布暂停异常波动的镍期货交易。

上述内容具体参见图1–5、图1–6所示。

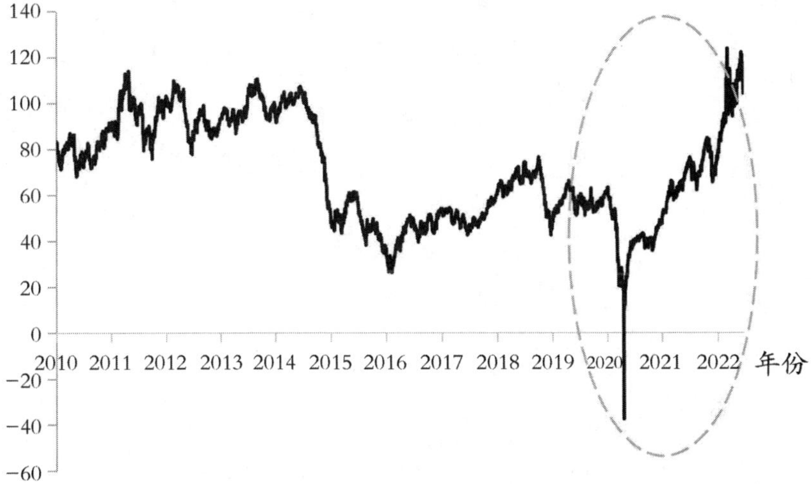

图1–5　近年来WTI原油期货价格走势（单位：美元/桶）

数据来源：IPE。

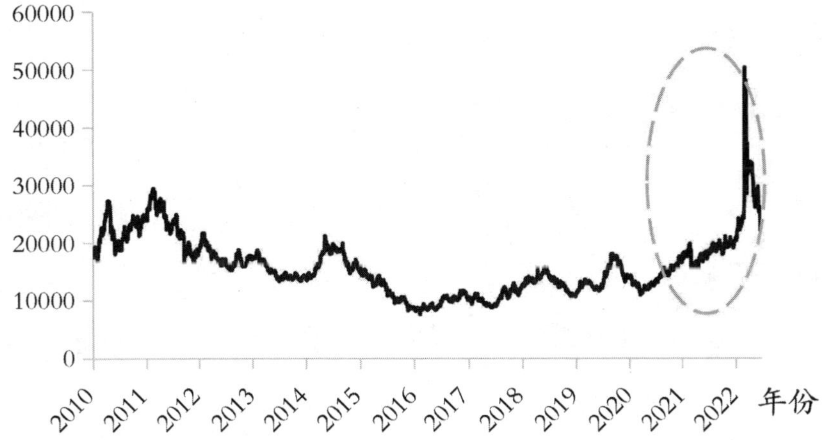

图1–6　LME镍期货价格走势（单位：美元/吨）

数据来源：LME。

第二章　大宗商品全球供需格局

供给和需求是影响大宗商品价格的最基本、最核心的因素。受自然地理、气候环境、土地资源、人口规模、城镇化工业化进程、全球产业链分工地位等多重因素影响，大宗商品的供给和需求在全球分布极不均衡，供给往往主要集中分布在极少数国家，而需求又来源于另外一些国家。

一、粮　食

玉米、小麦、稻谷、大豆是全球最重要的粮食作物，因此本章以这些粮食为例，对其全球供需格局展开分析。

1. 玉米

受全球玉米价格上涨影响，2021年全球玉米产量攀升至1.2亿吨，位于全球产量前四位的国家分别是美国、中国、巴西、阿根廷，前四个国家的总产量占全球产量的比重为68.3%，其中，美国和中国产量均超过2亿吨，合计产量占全球的比重超过50%，是全球重要的玉米生产国。

从近年玉米产量的趋势变化来看，阿根廷产量持续增长，美国产量下滑，中国、巴西产量相对稳定。2021年受玉米价格上涨影响，前四大玉米生产国的产量均明显上升。

具体参见表2-1所示。

表2-1　2016—2021年前四国家及全球玉米产量

（单位：百万吨）

国别（全球）	2016年	2017年	2018年	2019年	2020年	2021年
美国	385	371	364	346	358	384
中国	264	259	257	261	261	273
巴西	99	82	101	102	87	116
阿根廷	41	32	51	51	52	53
全球	1123	1080	1125	1120	1126	1210

数据来源：美国农业部。

近年来，全球玉米消费量持续增长，2021年接近1.2亿吨，位于全球消费前四位的国家分别是美国、中国、巴西、墨西哥，前四位国家的玉米消费量占全球总消费量的比重为60.5%，其中，美国和中国是全球最大的玉米消费国，消费量在3亿吨左右，占全球消费的比重在50%左右。

从近年玉米消费量的变化趋势来看，美国、墨西哥消费量稳定，中国、巴西消费量持续上行。具体参见表2-2所示。

表2-2　2016—2021年前四国家及全球玉米消费量

（单位：百万吨）

国别（全球）	2016年	2017年	2018年	2019年	2020年	2021年
美国	314	314	310	310	307	316
中国	255	263	274	278	285	291
巴西	61	64	67	69	70	73
墨西哥	40	43	44	44	44	44
全球	1084	1090	1145	1136	1140	1197

数据来源：美国农业部。

综合来看，近年全球玉米供需基本平衡。从结构上来看，美国、巴西、阿根廷、乌克兰的玉米产量远高于国内消费量，大量玉米用于出口，是全球最重要的玉米出口国，2021年四国玉米出口量分别为6390万吨、4450万吨、3900万吨、2300万吨，合计占全球总出口量的86.5%。中国、欧盟、墨西哥是全球主要的玉米进口国，2021年分别进口2300万吨、1500万吨、1730万吨，占全球总进口量的30%，出口端的集中度远高于进口端。

我国2017年之前玉米供需基本平衡，2017年后需求逐渐超过供给，进口规模小幅扩大，2021年成为全球最大的玉米进口国，对外依存度达到8%，美国、乌克兰、俄罗斯是我国玉米主要进口来源。

2. 小麦

近年来，全球小麦产量持续上升，2021年全球小麦产量攀升至7.8亿吨，位于全球产量前四位的国家分别是中国、印度、俄罗斯、美国，前四个国家的产量占全球总产量的比重为47.3%，其中，中国和印度产量均超过1亿吨，合计产量占全球的比重超过30%。

从近年小麦产量的变化趋势来看，中国、俄罗斯产量相对稳定，美国产量下滑，印度产量明显上升。

具体参见表2–3所示。

表2–3　2016—2021年前四国家及全球小麦产量（单位：百万吨）

国别（全球）	2016年	2017年	2018年	2019年	2020年	2021年
中国	133	134	131	134	134	137
印度	87	99	100	104	108	110
俄罗斯	73	85	72	74	85	75
美国	63	47	51	53	50	45
全球	735	756	763	731	762	776

数据来源：美国农业部。

近年来，全球小麦消费量持续增长，2021年接近7.9亿吨，位于全球消费前四位的国家分别是中国、印度、俄罗斯、美国，前四个国家的小麦消费量占全球总消费量的比重为41.6%，其中，中国和印度是全球最大的小麦消费国，消费量均超过1亿吨，占全球消费的比重为32.4%。

从近年小麦消费量的变化趋势来看，美国、俄罗斯消费量稳定，中国、印度消费量持续上行。具体参见表2–4所示。

表2-4 2016—2021年前四国家及全球小麦消费量

（单位：百万吨）

国别（全球）	2016年	2017年	2018年	2019年	2020年	2021年
中国	119	121	125	126	150	148
印度	97	96	96	95	102	108
俄罗斯	40	43	41	40	43	42
美国	32	29	30	30	30	31
全球	739	742	735	747	782	791

数据来源：美国农业部。

综合来看，2019年后全球小麦的供需形势逆转，2016—2018年供给略高于需求，2019—2021年需求略高于供给。从结构上来看，印度供需基本平衡，俄罗斯、澳大利亚、美国、乌克兰是全球重要的小麦出口国，2021年小麦出口量分别为3300万吨、2750万吨、2136万吨、1900万吨，合计占全球总出口的一半。我国作为全球最大的小麦生产和消费国，2020年之前生产量明显大于消费量，2020年之后消费量小幅大于生产量，2021年进口950万吨，对外依存度上升至5.8%。

3. 大米

近年来，全球大米产量持续上升，2020年后全球大米产量超过5亿吨，位于全球产量前四位的国家分别是中国、印度、印度尼西亚、越南，前四个国家的产量占全球总产量的比重为66.1%，其中，中国和印度产量均超过1亿吨，合计产量占全球的比重为54.2%。

从近年大米产量的变化趋势来看，中国、印度尼西亚、越南产量相对稳定，印度产量大幅上升。

具体参见表2–5所示。

表2–5　2016—2021年前四国家及全球大米产量

（单位：百万吨）

国别（全球）	2016年	2017年	2018年	2019年	2020年	2021年
中国	148	149	148	147	148	149
印度	110	113	116	119	124	129
印度尼西亚	37	37	34	35	35	34
越南	27	28	27	27	27	27
全球	491	495	497	499	509	513

数据来源：美国农业部。

近年来，全球大米的消费量持续增长，2020年后全球大米消费量超过5亿吨。位于全球消费前四位的国家分别是中国、印度、印度尼西亚、越南，前四个国家的大米消费量占全球总消费量的比重为61.8%，其中，中国和印度是全球最大的大米消费国，消费量均超过1亿吨，占全球消费的比重在50.7%。

从近年大米消费量的变化趋势来看，越南、印度尼西亚大米消费量稳定，中国、印度消费量持续增长。

具体参见表2–6所示。

表2–6　2016—2021年前四国家及全球大米消费量

（单位：百万吨）

国别（全球）	2016年	2017年	2018年	2019年	2020年	2021年
中国	142	143	143	145	150	155
印度	96	99	99	102	101	104
印度尼西亚	38	38	36	36	35	35
越南	22	22	21	21	21	22
全球	484	482	485	494	504	511

数据来源：美国农业部。

综合来看，全球大米的供需形势整体平衡。从结构上来看，印度尼西亚供需基本平衡，印度、越南、泰国的大米产量高于国内消费量，是全球重要的大米出口国，2021年出口量分别为2100万吨、680万吨、650万吨，合计占全球总出口的65.4%，其中，印度是全球最大的大米出口国，占全球总出口的比重接近40%。

我国作为全球最大的大米生产和消费国，2020年之前生产量明显大于消费量，2020年之后消费量小幅大于生产量，2021年进口520万吨，占全球总进口的10%。

4. 大豆

近几年，全球大豆的产量在3.5亿吨上下波动，位于全球产量前四位的国家分别是巴西、美国、阿根廷、中国，前四个国家的产量占全球总产量的比重为87.2%，其中，巴西和美国产量均超过1.2亿吨，合计产量占全球的比重超过70%，是全球最重要的大豆生产国。

从近年大豆产量的变化趋势来看，中国、巴西产量持续上升，2021年受玉米价格上涨的替代影响，大豆产量回落；阿根廷大豆产量小幅下滑。

具体参见表2-7所示。

表2-7　2016—2021年前四国家及全球大豆产量

（单位：百万吨）

国别（全球）	2016年	2017年	2018年	2019年	2020年	2021年
巴西	115	122	120	129	140	125
美国	117	120	121	97	115	121
阿根廷	55	38	55	49	46	44
中国	14	15	16	18	20	16
全球	349	342	361	340	368	351

数据来源：美国农业部。

近年来，全球大豆消费量也在3.5亿吨左右，位于全球消费前四位的国家分别是中国、美国、巴西、阿根廷，前四个国家的大豆消费量占全球总消费量的比重为74.6%，其中，中国是全球最大的大豆消费国，消费量超过1亿吨，占全球总消费的比重在30%左右。

从近年大豆消费量的变化趋势来看，除阿根廷消费量相对稳定外，中国、美国、巴西等国消费量均小幅上行。

具体参见表2-8所示。

表2-8 2016—2021年前四国家及全球大豆消费量

（单位：百万吨）

国别（全球）	2016年	2017年	2018年	2019年	2020年	2021年
中国	104	106	102	109	112	109
美国	56	59	60	62	61	63
巴西	43	47	45	50	50	51
阿根廷	50	44	47	46	47	47
全球	331	338	344	358	362	362

数据来源：美国农业部。

综合来看，全球大豆供需基本平衡，2016—2018年生产量略高于消费，2019—2021年需求量略高于生产量。从结构上来看，美国、巴西的大豆产量远高于国内消费量，大量大豆用于出口，是全球最重要的大豆出口国，2021年分别出口5756万吨和8275万吨，占全球总出口的比重超过90%。阿根廷大豆产量与国内消费量相差不大，供需基本平衡。

我国是全球最大的大豆消费国，但是产量仅排全球第三，产量难以满足需求导致大豆大量依赖进口，是全球最大的大豆进口国，2021年进口9100万吨，占全球总进口的比重接近60%，对外依存度高达83.6%，巴西、美国是我国的大豆主要进口来源。

二、能　源

原油、煤炭、天然气是当今全球最重要的能源。

1. 原油

2018年全球原油产量突破44亿吨，2020年受新冠肺炎疫情影响，原油产量回落至41.7亿吨。位于全球产量前五位的国家或地区分别是中东地区、美国、俄罗斯、加拿大、中国，前五个国家或地区的产量占全球总产量的比重为71.6%。其中，中东地区产量均超过10亿吨，占全球的比重为31.1%。

从近年原油产量的变化趋势来看，中东地区产量下降明显，美国产量增长较快，俄罗斯、加拿大原油产量也有小幅上升，中国产量相对稳定。

具体参见表2–9所示。

表2–9　2016—2020年前五国家或地区及全球原油产量

（单位：百万吨）

国别（全球）	2016年	2017年	2018年	2019年	2020年
中东地区	1500	1475	1489	1414	1297
美国	543	575	670	748	713
俄罗斯	558	559	568	573	524
加拿大	219	237	258	263	252
中国	200	192	189	191	195
全球	4375	4386	4484	4478	4165

数据来源：BP。

近年来，全球原油消费量持续增长，2019年全球原油消费量达到44.2亿吨，2020年受新冠肺炎疫情影响回落至40亿吨，位于全球消费前五位的国家或地区分别是美国、中国、欧盟、中东地区、印度，前五个国家或地区的原油消费量占全球总消费量的比重为61%，其中，美国和中国是全球最大的原油消费国，消费量均超过6亿吨，占全球总消费量的比重在35.2%。

从近年原油消费量的变化趋势来看，中东地区、欧盟原油消费量稳定，美国、中国、印度原油消费量持续增长。疫情冲击下，除中国之外，其他国家的消费量均下滑。

表2–10　2016—2020年前五国家或地区及全球原油消费量

（单位：百万吨）

国别（全球）	2016年	2017年	2018年	2019年	2020年
美国	818	826	845	845	740
中国	587	614	634	654	669
欧盟	528	536	538	535	462
中东地区	394	391	384	391	361
印度	214	221	229	237	213
全球	4312	4372	4409	4423	4007

数据来源，BP。

综合来看，2016—2020年全球原油供需形势相对宽松，需求量略小于供给量。从结构上来看，中东地区、俄罗斯、美国、加拿大是全球重要的原油出口国家或地区，其中，中东地区2020年原油出口8.75亿吨，占全球总出口的比重超过40%。中国、美国、欧盟、印度是全球重要的原油进口国，2020年进口量分别为5.57亿吨、4.76亿吨、2.94亿吨、2.04亿吨，占全球总进口的比重超过70%。

我国原油产量远小于消费量，是全球最大的原油进口国，2020年原油对外依存度达到83.1%，沙特、俄罗斯、伊拉克、阿曼是我国原油主要进口来源。

2. 煤炭

近年来，全球煤炭产量增长较快，2019年达到88.5亿短吨，2020年受疫情影响回落至83.8亿短吨，位于全球产量前五位的国家分别是中国、印度、美国、印度尼西亚、澳大利亚，前五个国家的产量占全球总产量的比重为82.8%，其中，我国是全球最大的煤炭生产国，2020年煤炭产量占全球的比重超过一半。

从近年煤炭产量的变化趋势来看，美国产量下降尤其是疫情后降幅明显，中国、印度、印度尼西亚产量增长较快，澳大利亚产量相对稳定。

具体参见表2-11所示。

表2-11　2016—2020年前五国家及全球煤炭产量

（单位：百万短吨）

国别（全球）	2016年	2017年	2018年	2019年	2020年
中国	3760	3884	4076	4240	4237
印度	691	718	765	763	772
美国	728	775	756	706	535
印度尼西亚	503	508	615	679	621
澳大利亚	560	557	542	564	564
全球	8146	8382	8711	8846	8377

数据来源：EIA。

近年来，全球煤炭消费量在85亿短吨左右，2020年受疫情影响回落至81亿短吨，位于全球消费量前五位的国家分别是中国、印度、美国、日本、南非，前五个国家的消费量占全球总消费量的比重为77%，我国是全球最大的煤炭消费国，煤炭消费量占全球的比重超过50%。

从近年煤炭消费量的变化趋势来看，美国消费量大幅下降，日本、南非消费量相对稳定，中国、印度煤炭消费量小幅上升。

具体参见表2-12所示。

表2-12　2016—2020年前五国家及全球煤炭消费量

（单位：百万短吨）

国别（全球）	2016年	2017年	2018年	2019年	2020年
中国	4286	4314	4381	4430	4457
印度	872	922	986	978	924
美国	731	717	688	588	477
日本	212	214	209	207	203
南非	200	200	189	209	185
全球	8395	8478	8598	8466	8113

数据来源：EIA。

综合来看，2016—2017年全球煤炭供需相对偏紧，2018—2020年随着产量快速增长，供需形势转为宽松。从结构上来看，印度尼西亚、澳大利亚、俄罗斯的煤炭消费量远小于产量，是全球重要的煤炭出口国，其2020年煤炭出口量合计占全球总出口的比重为73.3%。中国、印度、日本的消费量大于产量，是全球最重要的煤炭进口国，合计进口量占全球总进口的48.4%。

中国是全球最大的煤炭进口国，印度尼西亚、俄罗斯、蒙古是中国煤炭主要进口来源。

3. 天然气

近年来，全球天然气产量快速增长，2019年接近4万亿立方米，2020年受疫情影响小幅回落至3.85万亿立方米，位于全球产量前五位的国家分别是美国、俄罗斯、伊朗、中国、卡塔尔，前五个国家的产量占全球总产量的比重为56.3%，其中，美国和俄罗斯是全球最大的天然气生产国，其2020年天然气产量占全球的比重超过40%。

从近年天然气产量的变化趋势来看，除卡塔尔产量相对稳定外，其他国家产量均有明显增长，尤其是美国、中国产量快速增长。

具体参见表2–13所示。

表2–13　2016—2020年前五国家及全球天然气产量

（单位：十亿立方米）

国别（全球）	2016年	2017年	2018年	2019年	2020年
美国	727	746	841	930	915
俄罗斯	589	636	669	679	638
伊朗	199	214	232	241	251
中国	138	149	161	178	194
卡塔尔	175	170	169	172	171
全球	3552	3676	3853	3976	3854

数据来源：BP。

近年来，全球天然气消费量明显上升，2019年高达3.9万亿立方米，2020年受疫情影响回落至3.8万亿立方米，位于全球消费量前五位的国家分别是美国、俄罗斯、中国、伊朗、加拿大，前五个国家的消费量占全球总消费量的比重为50%，美国是全球最大的天然气消费国，其天然气的消费量占全球的比重超过20%。

从近年天然气消费量的变化趋势来看，除俄罗斯外，其他国家的天然气消费量均增长迅速。

具体参见表2-14所示。

表2-14　2016—2020年前五国家及全球天然气消费量

（单位：十亿立方米）

国别（全球）	2016年	2017年	2018年	2019年	2020年
美国	749	740	822	849	832
俄罗斯	421	431	454	444	411
中国	209	241	284	308	331
伊朗	196	205	220	223	233
加拿大	106	110	116	118	113
全球	3559	3654	3838	3904	3823

数据来源：BP。

综合来看，近年来天然气供需总体平衡。从结构上来看，俄罗斯、卡塔尔天然气消费量远小于产量，是全球重要的天然气出口国，其2020年出口量分别为1999.3亿立方米、1437亿立方米，合计出口量占全球总出口的比重为27.6%。德国、中国、日本是全球最重要的天然气进口国，其2020年进口量分别为1554.9亿立方米、1383.7亿立方米、1072.9亿立方米，合计进口量占全球总进口的32.2%。

中国是全球第二大天然气进口国，2020年天然气对外依存度为40.2%，澳大利亚、卡塔尔、印度尼西亚、马来西亚是中国液化天然气主要进口来源，土库曼斯坦、俄罗斯、哈萨克斯坦是中国管道天然气主要进口来源。

三、黑色金属

黑色金属主要指铁及其合金，比如钢、生铁等。

1. 铁矿石

根据国际钢铁协会统计数据，近年来全球铁矿石产量持续回升，2020年产量达到23.4亿吨。位于全球产量前五位的国家分别是澳大利亚、巴西、印度、中国、独联体，前五个国家的产量占全球总产量的比重高达85.1%，其中，澳大利亚是全球最大的铁矿石生产国，其铁矿石产量占全球总产量的比重接近40%。

从近年来铁矿石产量的变化趋势来看，除独联体国家产量基本稳定外，澳大利亚、印度、中国产量均有明显增长。受淡水河谷矿难影响，2019年巴西铁矿石产量下滑；受疫情影响，印度铁矿石产量下降。

具体参见表2–15所示。

表2-15　2015—2020年前五国家及全球铁矿石产量

（单位：百万吨）

国别（全球）	2015年	2016年	2017年	2018年	2019年	2020年
澳大利亚	811.2	858.0	883.4	901.1	918.7	922.5
巴西	416.5	434.0	435.5	448.0	389.6	391.0
印度	142.5	184.5	201.8	204.7	232.8	203.8
中国	123.5	113.7	115.0	145.8	241.3	270.5
独联体	195.3	189.1	177.9	180.4	184.5	203.1
全球	2030.2	2115.8	2162.5	2228.0	2335.7	2338.4

数据来源：国际钢铁协会。

近年来，全球铁矿石消费量增长较快，2020年高达23亿吨。位于全球消费量前五位的国家分别是中国、印度、日本、独联体、韩国，前五个国家的消费量占全球总消费量的比重为81.5%。中国是全球最大的铁矿石消费国，2020年铁矿石消费量占全球总消费的比重高达62%。

从近年铁矿石消费量的变化趋势来看，韩国消费量相对稳定，日本、独联体国家消费量小幅下降，中国、印度铁矿石消费量增长迅速，疫情冲击后印度铁矿石消费量大幅下降。

具体参见表2-16所示。

表2-16 2015—2020年前五国家及全球铁矿石消费量

（单位：百万吨）

国别（全球）	2015年	2016年	2017年	2018年	2019年	2020年
中国	1076.8	1137.8	1184.9	1199.3	1295.8	1425.2
印度	147.8	166.4	179.1	202.7	203.7	152.5
日本	131.0	130.0	126.5	123.9	119.6	99.4
独联体	130.6	138.9	127.1	121.2	118.4	125.2
韩国	73.3	72.5	72.8	73.2	75.0	70.5
全球	2022.6	2052.0	2106.4	2146.2	2315.7	2299.1

数据来源：国际钢铁协会。

综合来看，2016—2020年全球铁矿石产量略大于消费量，供需相对宽松。从结构上来看，澳大利亚、巴西、独联体国家的铁矿石消费量远小于产量，是全球重要的铁矿石出口国，其2020年出口量分别为8.7亿吨、3.4亿吨、0.9亿吨，合计占全球总出口的78.6%。中国、日本铁矿石消费量大于产量，是全球最重要的铁矿石进口国，其2020年进口量分别为11.7亿吨、1亿吨，合计占全球总进口的78.5%。

中国是全球最大的铁矿石进口国，2020年铁矿石对外依存度超过80%，铁矿石进口主要来源于澳大利亚和巴西。

2. 粗钢

近几年来，全球粗钢产量持续增长，2019年接近19亿吨，位于全球产量前五位的国家分别是中国、印度、日本、美国、俄罗斯，前五个国家的产量占全球总产量的比重超过70%，其中，中国是全球最大的钢铁生产国，产量占全球总产量的比重超过50%。中国粗钢生产主要分布在河北、江苏、山东、辽宁、山西等省份，合计产量占全国总产量的比重超过50%，其中河北超过20%。

从近年来粗钢产量增长的变化趋势来看，中国、印度产量增长较快，美国产量小幅增长，日本和俄罗斯产量基本稳定或小幅下降。

具体参见表2-17所示。

表2-17　2015—2019年前五国家及全球粗钢产量

（单位：百万吨）

国别（全球）	2015年	2016年	2017年	2018年	2019年
中国	804	808	871	929	995
印度	89	95	101	109	111
日本	105	105	105	104	99
美国	79	78	82	87	88
俄罗斯	71	70	71	72	72
全球	1625	1633	1735	1827	1875

数据来源：国际钢铁协会。

近年来，全球粗钢消费快速增长，2019年消费量接近19亿吨。位于全球消费量前五位的国家分别是中国、印度、美国、日本、韩国，前五个国家的粗钢消费量占全球总消费量的比重接近70%，其中，中国是全球最大的粗钢消费国，消费量占全球总消费量的比重在一半左右。

从近年来粗钢消费量的变化趋势来看，中国仍然是全球钢材消费增长的主要动力，印度消费量也在快速增长，美国、日本、韩国消费量相对稳定。

具体如表2–18所示。

表2–18　2015—2020年前五国家及全球粗钢表观需求量

（单位：百万吨）

国别（全球）	2015年	2016年	2017年	2018年	2019年
中国	700	709	806	871	945
印度	89	95	101	107	109
美国	108	103	110	112	109
日本	68	67	70	71	70
韩国	58	59	59	56	55
全球	1626	1640	1760	1836	1889

数据来源：国际钢铁协会。

综合来看，2016—2019年全球粗钢消费量略大于产量，供需相对偏紧。从结构上来看，中国、俄罗斯、日本钢铁消费量小于产量，是全球重要的钢铁出口国。印度粗钢产量和需求量基本一致，供需基本平衡。欧盟、美国消费量大于产量，是全球最重要的钢铁进口国。

四、有色金属

有色金属种类较多，本节选取生产量大、应用较为广泛的铜、铝、铅、锌、镍进行分析。

1. 铜

近几年来，全球铜矿产量基本稳定，维持在2000万～2100万吨。位于全球产量前五位的国家分别是智利、秘鲁、中国、刚果、美国，前五个国家的产量占全球总产量的比重在60%左右。智利是全球最大的铜矿生产国，铜矿产量远超过其他国家。

从近年来铜矿产量的变化趋势来看，智利、刚果、秘鲁铜矿产量增长，中国、美国产量小幅下降，疫情后中国铜矿产量明显回升。

具体内容参见表2-19所示。

表2-19　2016—2021年前五国家及全球铜矿产量

（单位：万吨）

国别（全球）	2016年	2017年	2018年	2019年	2020年
智利	555.3	550.4	583.2	578.7	573.3
秘鲁	235.4	244.6	243.7	245.5	215.4
中国	185.1	165.6	150.7	160.1	185.5
刚果	102.4	109.5	122.5	143.3	140.0
美国	143.1	125.8	121.6	125.7	119.9
全球	2041.2	2017.6	2038.6	2074.2	2066.0

数据来源：智利国家铜业委员会。

近年来，全球精炼铜总产量持续增长，2021年接近2500万吨。位于全球产量前五位的国家分别是中国、智利、日本、刚果、美国，前五个国家的产量占全球总产量的比重为67%，其中，中国是全球最大的精炼铜生产国，产量占比超过40%，远远超过后四个国家的产量总和。根据中国有色金属工业协会统计，中国精炼铜生产主要集中在江西、安徽、广西、山东、福建，合计产量占全国的比重在一半左右。

从近年来精炼铜产量增长的变化趋势来看，中国和刚果精炼铜产量增长较快，智利、美国、日本产量基本稳定或小幅下降。

具体内容参见表2-20所示。

表2-20　2016—2021年前五国家及全球精炼铜产量

（单位：千吨）

国别（全球）	2016年	2017年	2018年	2019年	2020年	2021年
中国	8466	8903	9170	9767	9958	10481
智利	2612	2430	2461	2284	2325	2274
日本	1553	1488	1595	1504	1583	1510
刚果	705	714	870	951	1119	1285
美国	1226	1080	1111	1034	917	1009
全球	23341	23518	23808	23929	24427	24807

数据来源：国际铜业研究小组。

铜具有良好的导电性、导热性、耐腐蚀性等物理特性，因此在工业领域应用较为广泛。近年来，全球精炼铜总消费量快速增长，2021年超过2500万吨，全球精炼铜供需相对偏紧。位于全球产量前五位的国家分别是中国、欧盟、美国、日本、韩国，前五个国家的消费量占全球总消费量的比重接近80%，其中，中国是全球最大的精炼铜消费国，消费量超过全球总消费量的一半。

从近年来精炼铜消费量的变化趋势来看，我国仍然是全球铜消费增长的主要动力，电力、家电、交通运输和建筑等领域是我国精炼铜消费的主要来源。欧盟、美国、日本的消费量相对稳定，韩国消费量明显下滑。

具体参见表2-21所示。

表2-21　2016—2021年前五国家及全球精炼铜消费量

（单位：千吨）

国别（全球）	2016年	2017年	2018年	2019年	2020年	2021年
中国	11535	11807	12501	12679	14230	13879
欧盟	2916	2856	2878	2647	2362	2860
美国	1788	1767	1806	1839	1764	1772
日本	973	998	1010	968	832	929
韩国	727	742	702	635	645	639
全球	23441	23701	24221	24326	25033	25214

数据来源：国际铜业研究小组。

综合来看，2016—2021年全球精炼铜消费量略大于产量，供需相对偏紧。从结构上来看，智利、日本、俄罗斯精炼铜消费量小于产量，是全球重要的精炼铜出口国，其2020年出口量分别为219.3万吨、75.7万吨、74.3万吨，总计占全球总出口的44.2%，其中，智利是全球最大的精炼铜出口国，占全球总出口量的26%。中国、欧盟、美国的消费量大于产量，是全球最重要的精炼铜进口国，其中，中国是全球最大的精炼铜进口国，其2020年进口量为467万吨，接近全球总进口量的一半。

从上游铜矿石来看，智利、秘鲁是全球最大的铜矿出口国，其2020年出口量分别为335.1万吨、183.1万吨，占全球总出口的57.8%。中国和日本是全球最大的铜矿进口国，其2020年进口量分别为544.4万吨、130.7万吨，占总进口的75.8%。

2. 铝

近年来，全球铝土矿产量快速增长，年均增长达到5.4%，2019年产量突破3.5亿吨。位于全球产量前五位的国家分别是澳大利亚、几内亚、中国、巴西、印度，前五个国家的产量占全球总产量的比重高达84%。澳大利亚是全球最大的铝土矿生产国，2019年产量超过1亿吨，占全球的比重接近三成。

从近年来铝土矿产量的变化趋势来看，澳大利亚、几内亚、中国铝土矿产量增长较快，巴西、印度产量小幅下降。

具体参见表2-22所示。

表2-22　2016—2019年前五国家及全球铝土矿产量

（单位：千吨）

国别（全球）	2016年	2017年	2018年	2019年
澳大利亚	82152	89420	96548	105176
几内亚	30772	51522	59574	70173
中国	60788	69017	68393	68400
巴西	39244	38122	32007	31938
印度	24219	22776	23229	22307
全球	280331	308631	332938	353772

数据来源：智利国家铜业委员会。

近几年，全球精炼铝产量持续增长，2019年超过6400万吨。位于全球产量前五位的国家分别是中国、俄罗斯、印度、加拿大、澳大利亚，前五个国家的产量占全球总产量的比重超过70%，其中，中国是全球最大的精炼铝生产国，产量占比超过50%，远远超过后四个国家的产量总和。中国电解铝产能主要分布在山东、新疆和内蒙古，合计产能占全国总产能的一半左右。

从近年来精炼铝产量增长的变化趋势来看，中国、俄罗斯和印度产量增长较快，加拿大、澳大利亚产量基本稳定或小幅下降。

具体参见表2-23所示。

表2-23　2015—2019年前五国家及全球精炼铝产量

（单位：千吨）

国别（全球）	2015年	2016年	2017年	2018年	2019年
中国	31410	31870	32273	35802	35044
俄罗斯	3529	3561	3741	3621	3896
印度	1886	1909	2028	2934	3184
加拿大	2880	3209	3212	2923	2854
澳大利亚	1646	1635	1487	1574	1570
全球	57336	57910	58650	63423	64285

数据来源：中国有色金属工业年鉴。

铝不仅重量轻、质地坚，而且具有较好的延展性、导电性、导热性、耐热性和耐核辐射性，是经济发展的重要基础原材料，主要应用于建筑业、交通运输业和包装业等。近几年，全球精炼铝消费量快速增长，2019年超过6300万吨。位于全球消费量前五位的国家分别是中国、美国、德国、印度、日本，前五个国家的消费量占全球总消费量的比重超过70%。其中，中国是全球最大的精炼铝消费国，其消费量超过全球总消费量的一半。

从近年来精炼铝消费量的变化趋势来看，中国仍然是全球铝消费增长的主要动力，印度、日本消费量也在快速增长，美国、德国消费量下滑。

具体参见表2–24所示。

表2–24　2015—2019年前五国家及全球精炼铝消费量

（单位：千吨）

国别（全球）	2015年	2016年	2017年	2018年	2019年
中国	31068	31615	31908	35521	35244
美国	5325	5121	5615	4630	4926
德国	2163	2197	2160	2139	1988
印度	1476	1378	1220	1750	1829
日本	1779	1742	1950	1979	1765
全球	57314	58099	59267	62681	63140

数据来源：中国有色金属工业年鉴。

综合来看，2016—2017年全球精炼铝消费量略大于产量，供需相对偏紧。2018—2019年随着产量快速增长，供需逐渐宽松。从结构上来看，俄罗斯、印度、加拿大、澳大利亚精炼铝消费量小于产量，是全球重要的精炼铝出口国。中国、美国、德国、日本消费量大于产量，是全球最重要的精炼铝进口国。

从上游铝土矿来看，澳大利亚、几内亚、巴西是全球最大的铝土矿出口国，中国是全球最大的铝土矿进口国。

3. 铅

近年来，全球铅精矿产量在460万吨左右。位于全球产量前五位的国家分别是中国、澳大利亚、美国、墨西哥、秘鲁，前五个国家的产量占全球总产量的比重达到71.6%。中国是全球最大的铅精矿生产国，2020年产量接近200万吨，占全球的比重为43.5%。

从近年来铅精矿产量的变化趋势来看，澳大利亚、墨西哥铅精矿产量增长较快，中国、美国、秘鲁产量小幅下降。

具体参见表2-25所示。

表2-25　2016—2020年前五国家及全球铅精矿产量

（单位：千吨）

国别（全球）	2016年	2017年	2018年	2019年	2020年
中国	2253	2493	2116	1953	1997
澳大利亚	441	350	409	462	497
美国	332	313	284	275	304
墨西哥	232	240	233	268	247
秘鲁	315	307	290	295	244
全球	4573	5009	4685	4657	4594

数据来源：ILZSG。

近几年，全球精炼铅产量小幅增长，2020年达到1185万吨。位于全球产量前五位的国家分别是中国、欧盟、美国、印度、韩国，前五个国家的产量占全球总产量的比重达到76%。其中，中国是全球最大的精炼铅生产国，2020年产量占全球总产量的比重超过40%，超过后四个国家的产量总和。中国精炼铅生产主要分布在河南、安徽和湖南，合计产量占全国总产量的60%左右。

从近年来精炼铅产量增长的变化趋势来看，中国、印度产量增长较快，美国、韩国、欧盟产量基本稳定。2020年受疫情冲击，韩国、欧盟产量大幅下降。

具体参见表2-26所示。

表2-26　2016—2020年前五国家及全球精炼铅产量

（单位：千吨）

国别（全球）	2016年	2017年	2018年	2019年	2020年
中国	4483	4920	4847	4976	4943
欧盟	1755	1780	1740	1720	1397
美国	1121	1027	1151	1161	1134
印度	517	570	611	636	784
韩国	820	824	802	809	744
全球	10832	11580	11765	11772	11848

数据来源：ILZSG。

近几年来，全球精炼铅消费量快速增长，接近1172万吨。位于全球消费量前五位的国家分别是中国、欧盟、美国、印度、韩国，2020年前五个国家的消费量占全球总消费量的比重达到80%。其中，中国是全球最大的精炼铅消费国，消费量高达500万吨，超过全球总消费量的四成。

从近年来精炼铅消费量变化趋势来看，除印度消费量快速增长外，其他国家消费量相对稳定。受疫情影响，美国、欧盟

2020年消费量明显下滑。

具体参见表2–27所示。

表2–27　2016—2020年前五国家及全球精炼铅消费量

（单位：千吨）

国别（全球）	2016年	2017年	2018年	2019年	2020年
中国	4447	4995	5006	4916	5000
欧盟	1763	1831	1802	1803	1506
美国	1638	1597	1661	1613	1505
印度	573	573	596	613	769
韩国	599	626	604	596	592
全球	10828	11777	11902	11808	11718

数据来源：ILZSG。

综合来看，全球精炼铅供需基本平衡。从结构上来看，中国、印度生产基本用于国内消费，供需基本平衡。韩国精炼铅消费量小于产量，是全球重要的精炼铅出口国。欧盟、美国消费量大于产量，是全球最重要的精炼铅进口国。

从上游铅精矿来看，中国、欧盟、韩国是全球最大的铅精矿进口国，秘鲁、澳大利亚、俄罗斯是全球最大的铅精矿出口国。

4. 锌

近年来，全球锌精矿产量整体呈现下行趋势，2020年降至1241万吨左右。位于全球产量前五位的国家分别是中国、秘鲁、澳大利亚、欧盟、印度，前五个国家的产量占全球总产量的比重达到67.3%。中国是全球最大的锌精矿生产国，2020年产量420万吨，占全球的比重为33.8%。

从近年来锌精矿产量的变化趋势来看，除欧盟产量小幅增长外，中国、印度、秘鲁、澳大利亚产量下降。

具体参见表2-28所示。

表2-28　2015—2020年前五国家及全球锌精矿产量

（单位：千吨）

国别（全球）	2015年	2016年	2017年	2018年	2019年	2020年
中国	4918	5342	5186	4304	4258	4200
秘鲁	1420	1329	1473	1494	1398	1336
澳大利亚	1596	849	780	1020	1283	1332
欧盟	700	677	693	689	741	760
印度	823	693	861	745	712	726
全球	13472	13130	13385	12733	12961	12408

数据来源：ILZSG。

近几年来，全球精炼锌产量在1300万～1400万吨波动，2020年达到1364万吨。位于全球产量前五位的国家分别是中国、欧盟、韩国、印度、加拿大，前五个国家的产量占全球总产量的比重达到77.6%。其中，中国是全球最大的精炼锌生产国，2020年产量占全球总产量的比重为46.3%，远超过后四个国家的产量总和。中国精炼锌生产主要分布在云南、湖南、内蒙古、陕西、广西和甘肃等地区，上述省份2018年产量占国内总产量的比例超过40%。

从近年来精炼锌产量增长的变化趋势来看，中国产量小幅增长，加拿大、欧盟产量基本稳定，韩国、印度产量下降。

具体参见表2-29所示。

表2-29　2015—2020年前五国家及全球精炼锌产量

（单位：千吨）

国别（全球）	2015年	2016年	2017年	2018年	2019年	2020年
中国	6178	6212	6160	5670	6218	6316
欧盟	2087	2010	2005	2064	2030	2006
韩国	931	1013	950	856	864	875
印度	822	634	818	720	708	713
加拿大	679	687	609	689	650	679
全球	13975	13654	13708	13260	13513	13640

数据来源：ILZSG。

近几年，全球精炼锌消费量小幅下滑，2020年为1330万吨。位于全球消费量前五位的国家分别是中国、欧盟、美国、印度、韩国，2020年前五个国家的消费量占全球总消费量的比重达到80%。其中，中国是全球最大的精炼锌消费国，消费量高达674.9万吨，超过全球总消费量的五成。

从近年来精炼锌消费量的变化趋势来看，除美国消费量快速增长外，其他国家消费量均下滑。

具体参见表2-30所示。

表2-30　2016—2020年前五国家及全球精炼锌消费量

（单位：千吨）

国别（全球）	2016年	2017年	2018年	2019年	2020年
中国	6650	6906	6501	6431	6749
欧盟	2065	2043	2060	2027	1795
美国	840	825	882	915	861
印度	687	679	687	643	548
韩国	623	604	488	479	410
全球	13823	14185	13715	13722	13293

数据来源：ILZSG。

综合来看，近年全球精炼锌供需偏紧。从结构上来看，韩国、印度精炼锌消费量小于产量，是全球重要的精炼锌出口国。中国、美国消费量大于产量，供需缺口较大，是全球最重要的精炼锌进口国。

从上游锌矿来看，韩国是全球最大的锌矿进口国，澳大利亚是全球最大的锌矿出口国。

5. 镍

近年来，全球镍矿产量快速增长，2019年高达260万吨，受疫情影响2020年降至233万吨。位于全球产量前五位的国家（地区）分别是印度尼西亚、菲律宾、俄罗斯、新喀里多尼亚、澳大利亚，前五个国家（地区）的产量占全球总产量的比重达到68.7%。2017年之前，菲律宾是全球最大的镍矿生产国。2018年后，印度尼西亚超过菲律宾成为全球最大的镍矿生产国，2020

年产量为68万吨，占全球的比重接近30%。

从近年来镍矿产量的变化趋势来看，印度尼西亚、新喀里多尼亚镍矿产量快速增长，菲律宾、俄罗斯、澳大利亚产量下降。

具体参见表2-31所示。

表2-31　2016—2020年前五国家及全球矿镍产量

（单位：千吨）

国别（全球）	2016年	2017年	2018年	2019年	2020年
印度尼西亚	172	270	601	918	677
菲律宾	441	295	357	357	323
俄罗斯	253	226	207	221	230
新喀里多尼亚	198	214	221	211	197
澳大利亚	204	192	167	161	174
全球	2091	2006	2297	2605	2332

数据来源：世界金属统计局（WBMS）。

近几年，全球精炼镍产量增长较快，2019年达到242万吨，2020年受疫情影响小幅下滑至239万吨。位于全球产量前五位的国家分别是中国、日本、俄罗斯、加拿大、澳大利亚。2020年前五个国家的产量占全球总产量的比重达到54%。其中，中国是全球最大的精炼镍生产国，2020年产量占全球总产量的比重超过30%。

从近年来精炼镍产量增长的变化趋势来看，中国产量较快增长，日本产量基本稳定，俄罗斯、加拿大、澳大利亚产量下降。

具体参见表2-32所示。

表2–32　2016—2020年前五国家及全球精炼镍产量

（单位：千吨）

国别（全球）	2016年	2017年	2018年	2019年	2020年
中国	411	412	639	857	722
日本	196	187	189	184	172
俄罗斯	207	172	150	154	154
加拿大	157	165	148	125	125
澳大利亚	133	105	114	112	117
全球	1817	1820	2157	2421	2389

数据来源：世界金属统计局（WBMS）。

近几年，全球精炼镍消费量增长较快，2019年达到245万吨，2020年受疫情影响小幅下滑至235万吨。位于全球消费量前五位的国家（或地区）分别是中国大陆、日本、美国、中国台湾地区、韩国。2020年前五个国家（或地区）的消费量占全球总消费量的比重达到73%。其中，中国大陆是全球最大的精炼镍消费国，2020年消费量高达130万吨，超过全球总消费量的一半。

从近年来精炼镍消费量的变化趋势来看，中国大陆消费量快速增长，韩国消费量相对稳定，疫情后大幅下降，其他国家（或地区）消费量波动较大。

具体参见表2–33所示。

表2-33　2016—2020年前五国家（或地区）及全球精炼镍消费量

（单位：千吨）

国别/地区（全球）	2016年	2017年	2018年	2019年	2020年
中国大陆	870	773	965	1310	1303
日本	162	163	177	156	148
美国	136	199	188	106	98
中国台湾地区	64	95	89	74	88
韩国	104	109	118	116	81
全球	1854	1921	2152	2446	2354

数据来源：世界金属统计局（WBMS）。

综合来看，近年来全球精炼镍供需逐渐偏紧。从结构上来看，俄罗斯、加拿大、澳大利亚精炼镍消费量小于产量，是全球重要的精炼镍出口国。中国大陆、美国、中国台湾地区、韩国消费量大于产量，供需缺口较大，是全球最重要的精炼镍进口国家（或地区），尤其是中国大陆，供需缺口持续扩大。

从上游镍矿来看，中国大陆是全球最大的镍矿进口国，菲律宾、俄罗斯是全球最大的镍矿出口国。

第三章　国际大宗商品定价权研究

我国是全球最重要的国际大宗商品贸易国和消费国，但是在国际大宗商品价格的形成过程中缺乏相应的影响力。本章基于结构性权力的视角对国际大宗商品的定价权进行了分析，发现发达国家掌握大宗商品国际定价权的原因在于：首先，国际大宗商品供给本身极易形成寡头垄断格局，寡头垄断企业的议价能力较强；其次，发达国家借助以美元为中心的国际金融体系获得金融权力，国际大宗商品市场的金融化进一步强化了这种权力；再次，国际大宗商品的定价理论以及定价信息被发达国家掌控；最后，发达国家凭借强大的军事力量和政治影响力控制了国际大宗商品的主要运输通道，掌握了国际海运的主导权。国际大宗商品定价权的缺失给我国经济社会稳定运行带来负面影响。未来我国对国际大宗商品的进口依赖度仍处于高位，因此有必要着力提升国际大宗商品的定价权。

一、引　言

21世纪以来，随着我国加入世界贸易组织，以及城镇化工业化快速推进，对主要大宗商品的需求迅速增长，我国成为全球重要的大宗商品消费国。由于国内能源资源匮乏，难以满足快速增长的需求，导致国际大宗商品进口持续扩大，对外依存度明显提升。

在农产品方面，我国是全球最大的大豆进口国，2020年我国大豆进口9950万吨，接近全球总贸易量的70%，占国内消费量的比重超过80%；在金属矿物方面，我国是全球最大的铁矿石进口国，2019年铁矿石进口量10.7亿吨，超过全球贸易量的六成，占国内消费量的比重为82.7%；在能源方面，2020年原油进口量为5.42亿吨，占全球贸易量的25%，占国内消费量的比重高达81%。

但是，我国在成为全球最重要的大宗商品贸易国和消费国的同时，并没有获得与之相称的定价权，在铁矿石、大豆、原油、铜等国际大宗商品价格的形成过程中缺乏相应的影响力。国际大宗商品定价权的缺失削弱了我国企业的盈利能力，并且在一定程度上会影响产业链供应链的稳定，甚至还可能冲击经济社会安全运行。尤其是在世界正面临百年未有之大变局的背景下，单边主义、民粹主义、贸易保护主义全面抬头，国际环境日趋复杂，不确定性不稳定性加大，能源资源矛盾可能加剧，国际大宗商品定价权缺失可能使我国面临更大的经济安全风险。习近平总书记在浦东开发开放30周年庆祝大会上的重要讲话中强调，要提升重要大宗商品的价格影响力。在此背景下，研究国际大宗商品定价权和如何提升国际大宗商品的价格影响力具有重要的现实意义。

二、大宗商品定价模式演变

在国际市场上，大宗商品的定价模式主要有如下两种。

一种是以期货市场合约价格为基准的定价模式。价格以期货交易所的期货合约交易价格为基准，加上一定幅度的升贴水形成商品交易价格，主要适用于成熟的期货品种，比如原油、大豆、铜等。“二战”后，美国主导的布雷顿森林体系建立，美元逐步成为全球最主要的储备货币和贸易计价货币，原油等主要国际大宗商品开始以美元定价，发达国家的期货市场成为国际大宗商品的主要定价中心。比如，纽约商业交易所上市的WTI原油期货价格、洲际交易所的布伦特原油期货价格是国际原油市场上的重要基准价格，芝加哥期货交易所的大豆合约是国际大豆交易的基准价格，伦敦金属交易所的铜期货合约是国际铜交易的基准价格。

另一种是协商谈判的定价模式。主要适用于期货市场发展不够成熟的品种，其价格由市场供需双方通过谈判达成，比如铁矿石等。20世纪50年代之前，全球钢铁企业主要分布在铁矿与焦煤等原材料比较丰富的地区，大部分钢厂自身拥有铁矿，因此铁矿石的贸易量不大，并且主要以现货贸易为主。60年代之后，随着钢铁产业向日本转移，日本成为全球铁矿石的主要需求方，交易模式以短期合同为主，铁矿石的量和价都锁定在短期。60年代后期转向长期合同，量和价的锁定时间长达10年以上。80年代开始实施年度长协定价机制，价格由全球主要矿商和钢厂谈判得出，其他企业参考此价格。90年代以后，随着中国经济快速增长，全球钢铁产业逐步向中国转移，铁矿石需求的快速增长推动了价格大幅上涨，现货价格持续高于长协价（潘昭帅，2020）。2010年，铁矿石长协年度谈判破裂，转向以指数挂钩的定价模式，以该模式为主的贸易量约占全球贸易量的70%以上（邓超、袁倩，2016），普氏能源资讯公布的普氏指数成为铁矿石贸易的重要定价基准。

上述内容具体参见表3-1所示。

表3-1　铁矿石定价模式变迁

时期	定价模式
1950年之前	现货定价
20世纪60年代早期	短期合同（量和价锁定在短期）
20世纪60年代后期	长期合同（量和价锁定在长期）
20世纪80年代开始	年度合同谈判
2010年以后	指数定价

三、国际大宗商品定价中的结构性权力

大宗商品定价权是指在大宗商品价格形成过程中的影响力，拥有定价权意味着拥有价格决定的权力。

仅仅了解谁掌握定价权是不够的，更为关键的是他们为什么拥有这种权力，权力的来源是什么。

苏珊（2019）将权力分为联系性权力和结构性权力，联系性权力是指依靠权力去迫使他人做本来不愿意的事，结构性权力则是形成和决定全球各种政治结构的权力，结构性权力比联系性权力更重要。由此，掌握了国际大宗商品市场的结构性权力也就掌握了国际大宗商品定价权，而结构性权力主要来源于对生产、金融、知识和安全的控制。

（一）国际大宗商品生产极易形成寡头垄断

结构性权力中的生产是指决定生产什么、由谁生产、为谁生产、用什么方法生产和按什么条件生产等各种安排的总和（苏珊，2019）。由于自然地理、气候环境、土地约束等因素，大宗商品生产往往集中分布在极少数国家，而消费又来源于另一些国家，这种供需结构的错配是形成国际大宗商品定价权的基础。

以铁矿石为例，铁矿石储量主要集中在澳大利亚、巴西、俄罗斯等国，产量主要集中在澳大利亚、巴西等大洋洲和南美

洲国家，其中，澳大利亚、巴西合计储量和产量占全球的比重分别高达46%、56%。而铁矿石消费主要集中在中国、印度、日本等亚洲国家，其中，中国的需求占比超过一半，远远高于其他国家。

原油储量最高的国家或地区主要是委内瑞拉、中东地区、加拿大、俄罗斯和美国等，原油产区主要是在中东地区、美国、俄罗斯等。而原油消费国主要是美国、中国、欧盟等经济大国。

铜储量和产量主要集中在智利、秘鲁等南美国家，中国则消费了一半以上的铜。

大豆主产区主要在巴西、美国、阿根廷等南美洲和北美洲地区，消费则集中在中国。

综合来看，大宗商品的生产和消费国家都相对集中，但明显错位，我国虽然是国际大宗商品的主要消费国，但并不是主要生产国。

上述内容具体参见表3–2所示。

表3–2　主要大宗商品的生产和消费格局

（单位：%）

铁矿石		原油		铜		大豆	
主要生产地区	主要消费地区	主要生产地区	主要消费地区	主要生产地区	主要消费地区	主要生产地区	主要消费地区
澳大利亚 39.3	中国 56.0	中东地区 31.1	美国 18.5	智利 27.8	中国 58.5	巴西 34.3	中国 31.1
巴西 16.7	印度 8.8	美国 17.1	中国 16.7	秘鲁 10.4	美国 6.87	美国 29	美国 16.6

（续表）

铁矿石		原油		铜		大豆	
中国 10.3	日本 5.2	俄罗斯 12.6	欧盟 11.5	中国 9.0	德国 4.27	阿根廷 16.6	巴西 13.3
印度 10.0	澳大 利亚 3.6	加拿大 6.0	中东 地区 9.0	刚果 6.8	日本 3.59	中国 4.7	阿根廷 13.1
南非 3.0	韩国 3.2	中国 4.7	印度 5.3	美国 5.8	韩国 2.49	印度 4.0	欧盟 4.7

注：铁矿石数据来源于世界钢协，为2019年数据；原油数据来源于BP能源，为2020年数据；铜数据来源于智利国家铜业委员会，为2020年数据；大豆数据来源于联合国粮农组织和美国农业部，为2021年数据。

地理上的国际大宗商品供需相对集中，极易受气候环境、疫情灾害、地缘政治等突发因素影响，导致大宗商品价格的大幅波动。21世纪以来极端天气频发，几次国际粮食价格大幅波动都与自然灾害有关，2006年，澳大利亚、美国等多地高温干燥或干旱，小麦减产严重，引发了此后持续两年的国际粮价上涨。2010年，俄罗斯、哈萨克斯坦、乌克兰、加拿大和澳大利亚等全球主要产粮国的粮食大面积减产，推动全球粮食新一轮上涨。2012年夏季，美国遭遇50多年来最严重的高温干旱，玉米、大豆种植受到重创，大豆和玉米的价格创历史新高，而俄罗斯、乌克兰等主要小麦产区也受到干旱气候影响而减产，价格也上涨了40%。

极端天气也会通过阻滞运输进而对大宗商品的供应产生影响。2019年3月，澳洲飓风影响了铁矿石运输，国际铁矿石供应出现明显缺口，普氏铁矿石价格指数从84美元/吨涨至126美元/吨。

与气候环境因素相比，地缘政治对原油价格的影响更为明显。1973年10月，中东第四次战争爆发，阿拉伯国家为了打击以色列及支持以色列的国家，宣布石油禁运，造成油价上涨，原油均价从2.7美元/桶涨到13美元/桶。1978年底，伊朗政局出现动荡，第二次石油危机爆发，石油市场每天的石油短缺量约占世界总消费量的1/10，致使全球原油供应紧张，原油均价从14.5美元/桶涨到40.75美元/桶。1990年，海湾战争爆发，全球石油供给骤减400万～500万桶/日，油价从1990年6月份的15.27美元/桶涨到同年10月份的34.5美元/桶。

国际大宗商品供给极易形成寡头垄断，主要原因是：首先，大宗商品行业属于典型的资本密集型行业，具有投资成本高和投资周期长的特征，存在较高的市场进入壁垒。其次，大宗商品生产集中在少数国家的少数企业，合谋成本低，易形成寡头垄断。最后，大宗商品作为上游基础原材料，可替代性较差，供给和需求的价格弹性均较低（滕泰 等，2006）。

比如，在铁矿石供给方面，必和必拓、力拓、淡水河谷、FMG等四大矿商形成了寡头垄断结构，2020年必和必拓、力拓、淡水河谷、FMG的铁矿石产量分别为2.6亿吨、2.9亿吨、3亿吨、2.1亿吨，合计产量超过全球的40%，销量分别为2.9亿吨、3.5亿吨、3亿吨、2.3亿吨，合计占全球总贸易量的七成。淡水河谷是全球最大的铁矿石生产企业，几乎垄断了巴西的铁矿石生产，其铁矿石产量占巴西全国总产量的比重超过80%。力拓是全球最大的铁矿石贸易企业、澳大利亚最大的铁矿石生产企业，必和必拓是全球第三、澳大利亚第二大铁矿石生产企业，FMG是全球第四、澳大利亚第三大铁矿石生产企业。力拓、必和必拓、FMG这三大企业掌握了澳大利亚绝大部分的铁矿石储量，合计产量占澳大利亚铁矿石总产量的80%以上。

又如，在有色金属供给方面，全球十大铜矿主要被智利国家铜业、嘉能可、必和必拓、自由港等铜业巨头垄断。其中，智利国家铜业拥有ElTeniente和Chuquicamata这两座全球十大铜矿，嘉能可拥有Collahuasi和Antamina这两座全球十大铜矿，必和必拓拥有Escondida和Antamina这两座全球十大铜矿，自由港拥有Morenci、CerroVerde和Grasberg这三座全球十大铜矿。

再如，在农产品供给方面，美国ADM是全球最大的油菜籽、小麦、可可、玉米等农产品加工商，同时也是美国第二大面粉制造商，ADM业务至少遍布全球200个国家和地区。美国邦吉公司作为世界第四大粮食出口商、巴西最大的谷物出口商、美国第二大大豆出口商、第三大谷物出口商和第三大大豆加工商，以及全球最大的油料作物加工商，其在全球40多个国家开设了400多家工厂。美国嘉吉业务遍布150多个国家和地区，是美国最大的玉米饲料生产商、美国第三大面粉加工企业。法国路易达孚的业务主要涉及谷物、油料、饲料、大米、油脂、咖啡、食糖和棉花等多种农产品，是世界第三大粮食出口商、法国最大的粮食贸易商。总之，美国ADM、美国邦吉、美国嘉吉、法国路易达孚这四大粮商通过控制美国、巴西、阿根廷等全球粮食主产区的收储、物流、海运等设施，掌握了全球70%以上的大豆货源，垄断了全球80%的粮食贸易。

同时，国际金融资本通过股权关系与生产资本结成利益共同体。以铁矿石为例，国际基金公司和投资银行是四大矿商的主要股东，力拓的大股东（Substantial shareholders）是贝莱德集团、中国铝业公司的全资子公司Shining Prospect Pte. Ltd、先锋集团，主要机构投资者包括汇丰银行（32.69%）、JP摩根（19.25%）、花旗银行（6.36%）、澳大利亚投资基金（2.63%）、巴黎银行（2.5%）等[1]；必和必拓的大股东是贝莱德集团和先锋集团，主要机构投资者包括汇丰银行（21.86%）、JP摩根（15.9%）、花旗银行（12.24%）、澳大利亚投资基金（3.23%）、巴黎银行（3.5%）等[2]；淡水河谷的主要股东是巴西银行养老基金（10.5%）、资本世界投资者（5.9%）、资本研究世界投资者（5.7%）、巴西发展银行投资公司Bradespar（5.7%）、三井物产（5.6%）、贝莱德集团（5.4%）[3]；FMG的大股东是Minderoo集团和中国湖南华菱钢铁集团，主要机构投资者包括汇丰银行（23.96%）、JP摩根（9.05%）、华菱投资（7.41%）、花旗银行（4.15%）等[4]。可以发现，四大矿商的股权已经基本被国际资本控制。

同时，国际资本也通过股权介入了指数发布机构，目前铁矿石贸易以普氏铁矿石指数为核心基准，普氏铁矿石指数由普氏能源资讯发布，普氏能源资讯的母公司是标准普尔全球，标准普尔全球的大股东主要是先锋集团（8.44%）、贝莱德（7.43%），而先锋集团、贝莱德是力拓、必和必拓的大股东，同时也是汇

[1] 数据来源：https://www.riotinto.com/invest/reports/annual-report。

[2] 数据来源：https://www.bhp.com/investors/annual-reporting。

[3] 数据来源：http://www.vale.com/brasil/EN/investors/information-market/annual-reports/Pages/default.aspx。

[4] 数据来源：https://www.fmgl.com.au/investors/asx-announcements#。

丰银行、JP摩根、花旗银行、巴黎银行等国际大投行的主要股东。国际资本通过股权关系将四大矿山和铁矿石指数编制机构连接成利益共同体，牢牢掌握了铁矿石的定价权。

与此同时，我国行业市场集中度不高，议价能力较弱。以钢铁行业为例，尽管我国是全球最大的钢铁生产国，粗钢产量占全球的比重超过50%，但是钢铁行业的市场集中度较低，最大的钢铁企业宝武钢铁集团年产量超过1亿吨，在国内市场占据的份额刚刚超过10%，我国前四大钢铁企业占国内市场的份额在22%左右，前十大钢铁企业占国内市场的份额不到40%。而日本最大的钢铁企业——日本制铁株式会社的粗钢产量占日本粗钢产量的比重接近50%，韩国最大的钢铁企业——浦项制铁的粗钢产量占韩国粗钢产量的比重接近70%，美国和欧盟前四大钢铁企业的产量分别占其钢铁总产量的65%、73%。

上述内容参见表3–3所示。

表3–3　我国前十大钢铁企业产量及比重

序号	企业	产量（千万吨）	比重（%）	序号	企业	产量（千万吨）	比重（%）
1	宝武钢铁集团	115.29	10.8	6	首钢集团	34.00	3.2
2	河钢集团	43.76	4.1	7	山东钢铁集团	31.11	2.9
3	沙钢集团	41.59	3.9	8	德龙集团	28.26	2.7
4	鞍钢集团	38.19	3.6	9	华菱钢铁集团	26.78	2.5
5	建龙集团	36.47	3.4	10	方大集团	19.60	1.8

数据来源：世界钢铁协会。

国际金融资本与产业资本结成了利益共同体，掌握了国际大宗商品的定价权。以铁矿石为例，铁矿石供给的寡头垄断格局形成之后，矿商掌握了铁矿石的定价权。随着我国城镇化、工业化进程持续推进，第三次全球钢铁产业向我国转移，铁矿石的需求量快速增长，2003年我国超过日本成为全球最大的铁矿石进口国，但是在铁矿石定价过程中并未发挥作用，铁矿石价格持续大幅上涨。2010年之前，铁矿石协商定价，尽管我国最大的钢铁企业参与了谈判过程，但是整体上对定价影响不大。2010年后，铁矿石实行普氏铁矿石指数定价，其数据样本多为小规模钢厂和贸易商，而不是大型钢厂，并且不公开不透明，定价权仍然由矿商掌握。具体参见专栏3-1的内容。

专栏3-1　铁矿石炒作氛围浓厚推动价格上涨

一、2021年底以来铁矿石价格暴涨，严重背离供求基本面

2021年底以来铁矿石价格再次暴涨。国内铁矿石现货价格在2021年11月17日触及近两年低点566元/吨，此后强势反弹，在2022年2月中旬达到982元/吨，现货阶段最大涨幅超过70%。3月3日上午，铁矿石期货活跃合约涨幅超过9%，达到814.5元/吨，较去年11月18日涨幅接近60%。新加坡交易所的铁矿石期货价格3月3日上涨5.5%，较去年11月低点上涨82.9%。铁矿石价格大幅上涨给钢铁企业带来较大成本压力。

下游需求总体稳定。2022年初以来，河北、河南、山东等地实施了季节性限产、重污染天气应急响应等措施，

对铁矿石需求产生压制。中钢协发布数据显示，2月中旬累计日产粗钢191.1万吨，环比下降3.8%，同比下降15.2%；生铁日产170.2万吨，环比下降2.5%，同比下降14.8%。同时，钢厂铁矿石库存充足，大中型钢厂进口铁矿石库存可用天数达到30天。钢厂对铁矿石的需求保持相对稳定，本轮铁矿石价格暴涨中，市场需求并非主要推手。

市场供给较为宽松。铁矿石到港数据显示，与往年相比，我国铁矿石进口量并未有明显变化，个别周度到港量甚至超过往年同期。从四大矿商的铁矿石生产情况来看，澳大利亚三大矿山2022年相继有新的绿地矿山项目进入投产状态。巴西淡水河谷2022年计划持续恢复生产，预计年底将增加3000万吨铁矿石产能。同时，我国铁矿石的自产量也在上升，2021年全国铁矿石的原矿产量为9.81亿吨，同比增长9.4%。叠加其他非主流矿投产，2022年铁矿石的供应总体上是积极的。

港口库存持续高企。随着2021年下半年钢铁行业的产能产量“双控”进入实质性推进阶段，钢厂对铁矿石的需求开始下降，港口库存一路飙涨，几个月内净增4000多万吨。截至2022年2月25日，进口铁矿石的港口库存总量接近1.6亿吨，为2018年6月以来的最高值。港口库存的高位快速增加本应对铁矿石价格形成压制。

海运费大幅下行。2021年10月份以来，国际海运费价格节节下行，以运输铁矿石为主的好望角型运费指数（BCI）从10月初的10485跌至目前的1840。西澳大利亚到中国青岛、巴西图巴朗到中国青岛的铁矿石运价分别从2021年10月的23.55美元/吨、49.99美元/吨降至目前的10.44美元/吨、22.91美元/吨。

二、炒作是铁矿石价格上涨的主因

（一）本轮铁矿石涨价呈现国外领涨国内、期货现货相互拉涨的特点，资本炒作的特征明显

从上涨时间线来看，国外指数率先启动。2021年11月18日，新加坡普氏指数率先启动，一个月内涨幅高达35.6%，带动国内期现货价格分别上涨32.3%和32.5%。期间，尽管基本面变化不大，普氏指数仍出现了8.1%和7.4%的单日涨幅，强化了新一轮炒作氛围。

从上涨幅度来看，国外涨幅大于国内。2021年11月以来，新加坡铁矿石期货价格阶段最大涨幅为85.9%，同期国内铁矿石期货价格阶段最大涨幅为66.7%。2022年初以来，新加坡和中国国内的现货价格指数分别上涨16.9%和10.6%。国外价格领涨国内的特征较为明显。

从上涨模式来看，期货与现货相互拉涨。2021年12月份，国内期货价格和青岛港PB粉矿现货价格的涨幅分别为11.6%和16.9%，呈现出期货带动现货的特点。2022年1月份，国内期货价格高位继续上涨21.9%，又带动现货价格上涨16.0%。期货与现货相互推波助澜，推动价格螺旋上涨。

总体来看，在供求基本面变化不大、下游钢铁价格基

本稳定的背景下，本轮铁矿石价格上涨从国外率先启动，由国外涨价带动国内，推动期货与现货轮番上涨，资本炒作的特征非常明显。

（二）多重因素助推铁矿石市场的投机炒作

铁矿石市场投机炒作的推手，既有市场结构、大国博弈等市场环境因素，也有囤积居奇、信息误导等人为因素，还有地缘政治突发事件的影响。

全球四大矿山企业的垄断同盟奠定了炒作的市场基础。必和必拓、力拓、FMG以及淡水河谷等四大矿商在全球铁矿石市场上形成了寡头垄断结构。四家企业的铁矿石产量占全球的比重从2010年的25%提高至2020年的44%，大幅提升了其产量和价格的操纵能力。

国际垄断资本对资源行业的全链条掌控奠定了炒作的金融基础。国际垄断资本大量参股包括铁矿石在内的矿企，间接控制普氏等资讯发布机构，通过进入董事会等方式，形成对资源行业的全链条控制。比如，美国贝莱德集团同时是淡水河谷和普氏能源资讯的重要股东。通过金融控制，国际资本结合生产、运输、信息等多个环节，互动开展投机炒作。

部分国内企业囤积居奇、散布虚假信息助推了炒作氛围。在国际资本炒作的同时，部分国内企业或机构发布和炒作不实信息，人为制造了铁矿石供需关系紧张的预期。部分贸易商借口钢铁生产旺季来临而囤货待涨，造成供给紧张的假象。相关行为助长了期货、现货市场上投机资金的炒作。

极端天气频发和地缘政治事件提供了炒作借口。2021年岁末、2022年初是澳大利亚和巴西极端天气高发季节，易对铁矿石的生产运输形成冲击。2022年1月，受暴雨影响，淡水河谷暂停米纳斯州的部分铁矿山生产，影响了约150万吨的铁矿石生产。俄乌冲突爆发后，不仅影响了乌克兰对我国的铁矿石出口，也强化了全球大宗商品市场的炒作氛围。

（二）发达国家掌控了国际大宗商品市场的金融权力

结构性权力中的金融是指支配信贷可获得性的各种安排与决定各国货币之间交换条件的所有要素之总和（苏珊，2019）。以美元为中心的国际金融体系，使得发达国家及其背后的国际资本拥有支配全球信贷和资金可获得性的权力。

1.以美元为中心的国际金融体系使发达国家获得了国际大宗商品市场的金融权力

20世纪70年代初，布雷顿森林体系瓦解，美国为了维持美元地位，与沙特阿拉伯达成了“不可动摇的秘密协议”，沙特阿拉伯同意将美元作为出口石油计价和结算的唯一货币，后来其他欧佩克成员也接受了这一协议，导致原油进口国只能通过储备美元来进口原油，石油–美元计价机制正式形成。尽管此后伊拉克和伊朗尝试使用欧元进行石油结算，但都无果而终（管清友、张明，2006）。石油–美元计价机制也推动了天然气、大豆、铁矿石等其他主要大宗商品以美元计价和结算。联合国贸易和发展会议公布的81种国际大宗商品价格中，有76种使用美元标价；在罗杰斯国际商品指数中，美元计价商品的权重达到98%（李正强、马瑾，2018）。

以美元为中心的国际货币体系，决定了美国等发达国家在国际跨境支付体系中处于领导地位。环球同业银行金融电讯协会（简称SWIFT）是全球跨境金融信息传输最主要的通信渠道，连接超过200个国家和地区的11000多家银行、证券机构、市场基础设施和公司客户，是跨境业务不可或缺的基础设施。SWIFT名义上定位中立，但实际上完全由西方发达国家主导，SWIFT股东主要是西方发达国家，并且董事会被北约掌控（赵雪情、刘玥君，2022），西方发达国家有能力干预SWIFT运行，进而可以影响国际大宗商品贸易，改变全球大宗商品的供需格局。比如，俄乌冲突爆发后，美国和欧盟出台制裁政策，将部分俄罗斯银行排除出SWIFT系统，使俄罗斯在国际上无法实现结算，在一定程度上限制了俄罗斯的石油、天然气等大宗商品贸易，加剧了全球能源供应紧张的格局。

在大宗商品–美元计价机制下，美元成为影响大宗商品价格波动的重要因素。由于主要大宗商品用美元计价，当美元指数上涨即美元升值会造成大宗商品价格下降，反之亦然。从历史数据来看，美元指数与大宗商品价格呈现出明显的负相关关系（如图3–1所示），21世纪以来，历次大宗商品价格的大幅上涨或者下跌都有美元贬值或者升值支撑。2001年底至2008年中，国际大宗商品价格大幅上涨，CRB指数（商品指数）从210上升至478。与此同时，美元指数从120贬值到70。2011年之后，国际大宗商品开启下跌趋势，CRB指数从580下跌至375。与此同时，美元指数从70升值到接近100。具体参见图3-1所示。

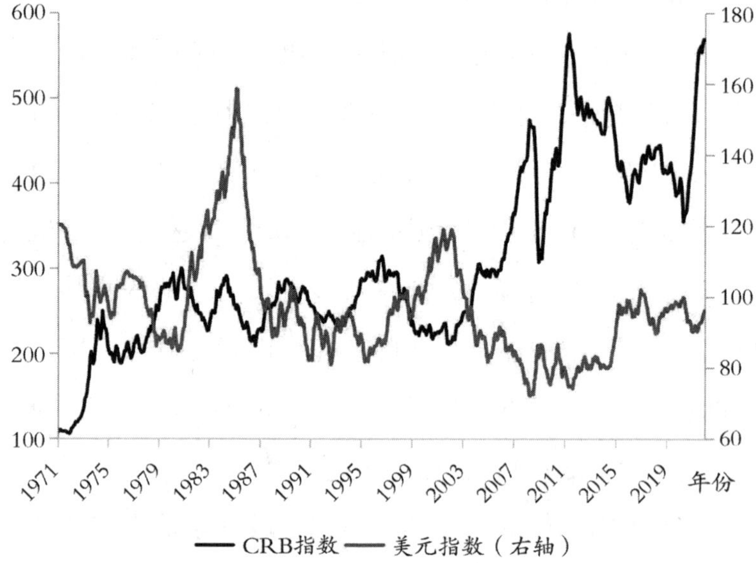

图3-1　国际大宗商品价格与美元走势

数据来源：Wind。

由于国际大宗商品以美元计价，美国可以通过调整货币政策来影响国际大宗商品的价格，进而获得国际大宗商品市场的金融权力。美国利率和汇率的变动能够很大程度上解释国际大宗商品价格的变化（Akram，2009；Cabrales et al.，2014）。美联储的低利率是造成21世纪初大宗商品价格上涨的主要原因，美国互联网泡沫破灭后，美国经济增长陷入瓶颈，美联储随即连续大幅降息以刺激经济增长，2001年开始13次降息，联邦基金目标利率从6.5%降至1%。美联储大幅降息使得美元贬值，推升了大宗商品的价格。此外，美国的货币政策可以通过实体经济渠道来影响大宗商品的需求，20世纪70年代原油价格的上涨与美联储的货币政策相关，持续宽松的货币政策刺激了需求，造成了油价和大宗商品价格的上涨。

2.国际大宗商品交易的金融化进一步强化了发达国家的金融权力

大宗商品交易的金融化得益于金融工具的创新。1848年，芝加哥期货交易所成立。芝加哥期货交易所于1851年引进远期交易，第一份玉米远期合约签订。1865年用标准的期货合约取代了远期合约。芝加哥期货交易所主要以农产品为主。此后，美国和欧洲又陆续出现了一些期货交易所，比如芝加哥商业交易所、纽约商业交易所、伦敦金属交易所等，交易的品种范围越来越大，目前基本涵盖了绝大部分大宗商品。同时，交易量大幅增长，2020年全球期货交易量255.5亿手，创历史新高。

发达国家的商品期货市场在国际大宗商品定价中处于绝对的主导地位。对原油、铜、大豆等主要国际大宗商品的期货价格和现货价格进行格兰杰因果关系分析后可以发现，期货市场在价格发现中占据主导地位，即期货市场拥有更多定价权。与此同时，由于发达国家金融市场发展历史较长，具有先行优势，期货交易所掌握了主要国际大宗商品的定价权，比如芝加哥期货交易所的玉米、大豆、小麦等主要农产品的期货价格成为国际农产品贸易中的权威价格，伦敦金属交易所的铜、铝、铅、锌、镍等有色金属的价格是国际有色金属市场的权威定价基准，纽约商品交易所的WTI期货合约和洲际交易所的布伦特原油期货合约成为国际原油贸易的主要定价基准。

由于有影响力的期货交易所主要位于发达国家，发达国家掌控了期货交易结算和监管等规则制度的话语权。从2007年到2008年上半年，国际原油期货价格大幅上涨，给美国经济和政治选举形成了很大压力，在美国国会施压下，美国商品期货交易委员会（U.S. Commodity Futures Trading Commission，简称CFTC）要求提供美国原油期货交易的外国交易所严格限制交易者持仓，随后修改规则，将一家交易商由商业交易划入非商业交易，由于非商业交易商的持仓头寸不能超过限额，这一调整引发期货合约大量抛售，原油价格大幅下跌。

发达国家背后以国际投行和基金公司为代表的国际金融机构，掌握了大量的金融资本，可以通过控制资金流向，进而影响国际大宗商品的价格。国际金融资本大量投资商品期货市场，使得期货市场的套期保值功能逐渐弱化，期货价格的动态演变特征已经远远超出了传统经济学供求理论所能解释的范畴。随着国际大宗商品市场不断金融化，投机因素已经超越实体供需因素，成为大宗商品价格变动的主导力量，美英等发达国家得以利用金融资本通过操纵各种投机性因素来影响国际大宗商品的价格走势（韩立岩、尹力博，2012；黄河 等，2013）。以原油期货为例，从图3-2中可以发现，原油投机合约的数量变化明显领先于期货价格，当投机合约大量增长、投机氛围较为浓厚时，往往会推动期货合约价格快速上涨。金融危机前，发达国家货币政策宽松，大量国际投机资本进入商品期货市场，比如纽约商业交易所的原油期货投机合约最高时达到868217张，是2001年的8.6倍，投机合约占总合约的比重从12%左右上升至超过30%。投机合约快速增长助推了商品期货价格暴涨，ICE布伦特原油、LME铜和LME铝的期货合约价格涨幅分别达到7倍、6.2倍和2.5倍，导致商品价格已经严重偏离基本面。而金融危机后，美国实行货币量化宽松，市场流动性大量增加，再次助推了国际资本投机行为，加剧大宗商品价格的波动，多个期货品种的价格创出历史新高。

图3-2　国际资本投机对原油期货价格的影响

数据来源：美国商品期货交易委员会，WTI。

（三）发达国家垄断了国际大宗商品定价的知识体系

结构性权力中的知识结构是指决定被发现的是什么知识、怎样储存，以及谁用什么手段、根据什么手段、向什么人传输什么知识等。在知识结构中，占有关键决策地位的人获得权力，即权力属于储存知识的人和传送知识或者信息途径的人（苏珊，2019）。

在国际大宗商品的定价机制中，知识结构主要有两个层面的含义：一是定价所依赖的经济学理论；二是定价过程中所依赖的信息。

当前主流的定价理论主要以西方经济学为基础。西方教科书中认为供需关系决定价格，供给大于需求时价格下跌，供给小于需求时价格上涨，商品价格波动是供需变化的结果。

西方很多研究将21世纪初以来的大宗商品价格大幅上涨归于“中国因素”或者“新兴市场经济体因素”，认为中国、印度等新兴市场国家的经济快速增长而产生的对国际大宗商品的巨额需求，推动了国际大宗商品价格的大幅上升（Krugman，2009；Kilian，2009；Thomson et al.，2012）。但是，随着商品金融化过程的出现，大宗商品价格的动态演化特征已经远远超出西方经济学中的价格理论所能解释的范畴，金融等因素发挥了更大的作用（曾才生，2010；黄河 等，2013；尹力博、柳依依，2016）。

信息也是知识结构的重要组成部分之一。拥有商品产量、库存、消费等数据信息意味着掌握了定价权，而发布这些信息的权威机构大部分来自发达国家。以农产品为例，美国农业部每月公布的农产品年度供需平衡预测报告，主要包括全球层面及主要国家的大豆、小麦、玉米、大米、稻谷、棉花等农产品的需求、供给和库存等预测信息，是全球最权威、最全面反映农产品供需变化的信息报告，已经成为国际农产品期货定价的参考依据。再以大豆为例，根据美国农业部的大豆供需数据测算得到的大豆库存消费比与美国芝加哥期货交易所的大豆价格走势呈现明显的负相关关系，当美国农业部的预测数据显示供需紧张时，往往会推动期货价格上涨，而供需宽松时，期货价格则大幅下跌。美国农业部数据对期货市场价格产生了显著影响，但是，美国农业部多次异常修正预测数据使得外界对其公正性和客观性产生质疑。2012年6月以来，大豆种植面积缩减，叠加美洲干旱等传闻，美国农业部连续调低大豆的市场供应量，国际大豆价格大幅持续上涨并创历史新高，买方高价购买大豆后，美国农业部于同年10月和11月公布的供需市场报告却连续调高大豆产量，导致大豆价格开始下跌。

上述内容参见图3-3所示。

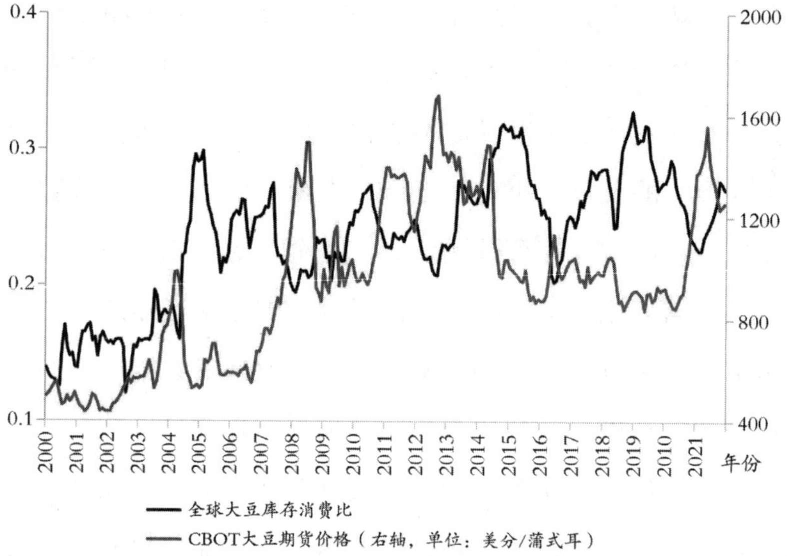

图3–3　美国农业部预测的全球大豆库存消费比数据与大豆期货价格

数据来源：美国农业部，CBOT。

（四）发达国家控制了国际大宗商品的运输主导权

结构性权力中的安全是指由于动用军事政治力量提供安全防务而形成的一种权力框架。大宗商品的生产和消费在地理上分布不均衡，推动了大宗商品的国际贸易。由于海运具有低成本优势，全球货物贸易总量的90%通过海运实现，海洋交通运输安全的重要性凸显，一些国家通过军事和政治影响来控制海上运输通道，掌握全球大宗商品的流向，进而在国际大宗商品定价方面获得权力。

长期以来，美国凭借强大的军事力量控制了海上运输通道，军事部署大都靠近海上交通道线，几大基地群完全掌控了海上航线的命脉（梁芳，2019）。比如，东南亚基地群主要控制马六甲海峡，而马六甲海峡运送了全球货物贸易量的40%，西方国家进口石油的50%左右和80%的其他战略物资需通过马六甲海峡运输（李长久，2018）；美国第五舰队专门负责防卫中东重要的石油能源通道，尤其是霍尔木兹海峡，霍尔木兹海峡是中东石油通往世界各国的唯一海上运输通道。美国全球战略的调整和部署都是围绕能源资源产地和运输线展开，其背后的主要企图就是控制能源资源（梁芳，2019），进而争夺国际能源资源的定价权。

在军事实力基础上，方便旗模式、集装箱革命、政府间海事协商组织的建立等形成了美国主导国际海运的实施路径、技术支撑和制度安排，确立了美国在国际海运领域的主导地位（舒建中，2018）。

综上，发达国家掌握了以生产、金融、知识和安全为源泉的结构性权力，从而获得了国际大宗商品的定价权。

四、国际大宗商品定价权缺失的影响

我国经济处于中高速增长阶段，对国际大宗商品的需求旺盛，而定价权缺失则加大了我国经济运行成本，给国民经济带来不利影响。

（一）国际大宗商品定价权缺失给经济社会稳定运行带来负面影响

大宗商品作为基础原材料，对国民经济和社会稳定影响较大，涉及国家经济和战略安全。国际大宗商品价格上涨通过进口沿着产业链向下游传导，给我国带来输入性通货膨胀风险，抬高居民生活成本，冲击我国经济社会稳定运行。此外，大宗商品定价权缺失使得我国每年使用更多外汇购买大宗商品，原油、铁矿石、大豆、铜是我国除芯片之外最重要的进口商品，2020年仅这4种商品合计进口总额就高达3782亿美元，国际大宗商品定价权缺失导致了经济损失。

（二）国际大宗商品定价权缺失冲击产业链供应链安全

国际大宗商品定价权背后反映的是对国际大宗商品生产、运输、信息、交易等环节的掌控能力。定价权缺失意味着无法确保部分环节或全部环节的稳定顺畅运行，由于大宗商品作为基础原材料具有较强的不可替代性和稀缺性，一旦生产、运输、交易等部分环节受阻，就有可能影响国际大宗商品的稳定供应，进一步冲击相关产业链供应链的安全稳定运行。

（三）国际大宗商品定价权缺失削弱企业盈利能力

我国企业在国际分工中处于中低端地位，主要承担国际大宗商品的加工环节，对国际大宗原材料的依赖程度较高。由于加工产品技术水平较低，对下游的议价能力弱，叠加上游大宗商品定价权缺失，利润空间被严重挤压，企业经营压力较大。以钢铁行业为例，2020年四大矿商必和必拓、力拓、淡水河谷、FMG的利润率（EBITDA率，下同）分别为59%、51%、41%、65%，其中必和必拓、力拓、淡水河谷铁矿石的业务利润率高达73%、74%、60%，而同期我国钢铁行业同口径下的利润率平均仅为5.3%，40多家钢铁上市企业的利润率平均为10.3%，最大的钢铁上市企业的利润率也仅为12.7%。

五、我国中长期国际大宗商品供需趋势分析

国际大宗商品消费顶点的分析对于判断我国大宗商品的需求形势具有一定的启示。城市化是影响大宗商品需求的最重要因素，根据发达经济体经验，在城市化率达到70%后，主要大宗商品的消费基本达到顶峰。以钢铁为例，根据美国、日本、德国、法国等主要发达经济体的城镇化发展规律，当城镇化率低于70%时，钢铁产量持续增长。而当城镇化率超过70%后，对钢铁需求的边际拉动不再明显。随着“二战”后经济复苏，主要经济体的城镇化、工业化进程快速推进，房地产、基础设施建设、制造业等领域的钢铁需求快速扩大，美国、德国、法国、日本等主要经济体的粗钢产量在1973—1974年达到顶峰，对应的城镇化率分别为73.6%、72.5%、72.7%、74.2%。此后美国、德国、法国的粗钢产量下降，而日本则进入平台期，出现分化的主要原因跟全球钢铁产业的梯度转移有关。日本凭借后发优势和技术创新，带动全球钢铁产业第二次转移，钢铁产能从美国、德国等地转向日本，日本成功跃居钢铁生产大国，粗钢产量不仅满足本国城镇化的需求，还作为全球钢铁大国向美国等地出口。

随着我国城镇化进程持续推进，我国主要大宗商品的消费

将保持高位态势。城镇化是催生大宗商品需求的重要动力，过去一段时期我国城镇化快速推进，对大宗商品的需求旺盛，成为国际大宗商品的主要消费国。2020年我国的城镇化率达到63.89%，根据诺瑟姆曲线，我国城镇化进入中期偏后阶段，城镇化速度放缓，但仍然相对较快，预计到2030年之后达到70%以上。综合考虑发达国家的经验和我国的实际情况，未来一段时间我国主要大宗商品的消费仍将持续增长。具体参见专栏3–2的内容。

专栏3–2　我国钢铁消费顶点探索

过去一段时期，一直有观点认为我国钢铁工业增速将放缓、铁矿石供求拐点临近。但是，近年来我国钢铁产量持续增长，2020年粗钢产量10.53亿吨，首次突破10亿吨大关，创历史新高。我国钢铁工业发展一再突破预期，发展空间还有多大，是值得深入探索的问题。

一、发达经济体在城市化率达到73%左右后，钢铁生产达到顶峰

从18世纪后期开始，世界钢铁产业经历了三次大规模转移。工业革命后，英国凭借先发优势和生产技术优势，钢铁产业快速发展，粗钢产量一度占全球总产量的一半。随着美国内战结束后钢铁工业的迅速崛起，世界钢铁产业的第一次转移开启，19世纪末，美国的钢铁生产量和消费

量超过英国，钢铁产量超过1000万吨，约为当时英国产量的两倍之多。

“二战”后，苏联、日本、德国的钢铁工业追赶超越，带动了全球钢铁产业重心的第二次转移。美国钢铁工业在日本、德国等国的追赶下逐步丧失国际竞争力，到70—80年代已成为需要频繁借助贸易保护政策来维持局面。70年代初，苏联成为世界最大的钢铁生产国，然而在技术路线与工艺流程创新上乏善可陈。日本在成为第二大钢铁生产国的同时，凭借后发优势与技术引进创新，成功跃居钢铁技术工艺与经济效率领先国家。

第三次转移由20世纪90年代我国的钢铁产业追赶发展驱动。1996年，我国钢铁产量首次突破1亿吨，成为全球最大钢铁生产国。2020年，粗钢产量为10.65亿吨，创历史新高，占全球粗钢产量的比重超过一半。

根据美国、日本、德国、法国等主要发达经济体的城镇化发展规律，当城镇化率低于73%时，钢铁产量持续增长。而当城镇化率超过73%后，对钢铁需求的边际拉动不再明显。随着战后经济复苏，主要经济体的城镇化、工业化进程快速推进，房地产、基础设施建设、制造业等领域的钢铁需求快速扩大，美国、德国、法国、日本等主要经济体的粗钢产量在1973—1974年达到顶峰，对应的城镇化率分别为73.6%、72.5%、72.7%、74.2%。此后美国、德国、法国的粗钢产量下降，而日本进入平台期，出现分化的主要原因跟全球钢铁产业梯度转移有关。后来，日本凭借后发优势和技术创新，带动全球钢铁产业出现第二次转移，钢铁产能从美国、德国等国转向日本，日本成功跃居钢铁生产大国，粗钢产量不仅满足其本国城镇化需求，还作为全球钢铁大国向美国等国出口。具体参见图1、图2所示。

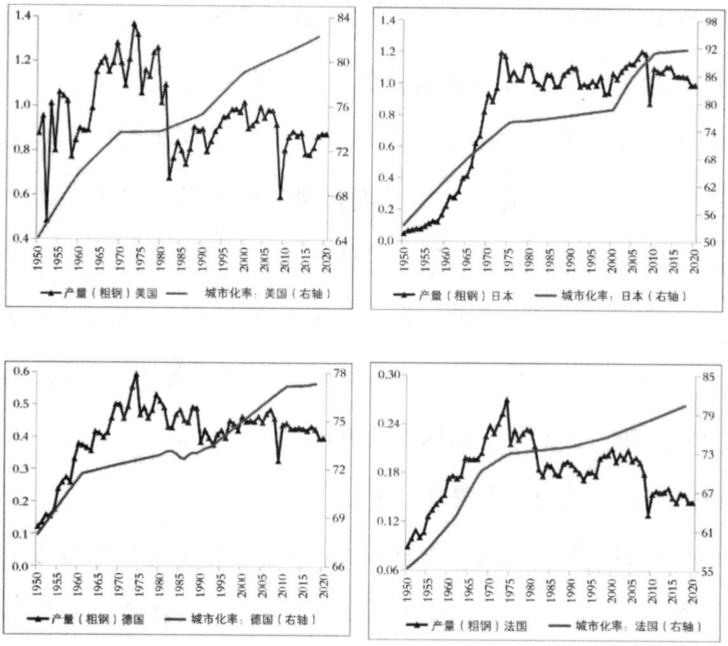

图1　主要发达国家城市化率（%）与粗钢产量（亿吨）

数据来源：世界钢铁协会、世界银行。

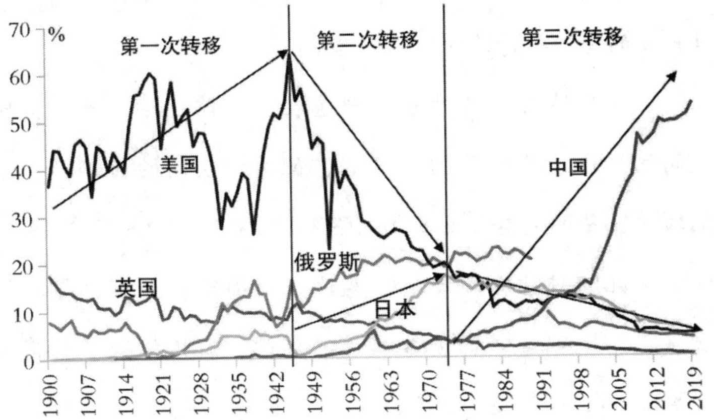

图2 全球钢铁产业的三次梯度转移

注：第一次钢铁产业转移始于19世纪70年代，由于数据库受限，本图数据起始于1900年。

数据来源：世界钢铁协会。

二、预计我国钢铁产量的顶峰尚未来临

随着我国城镇化、工业化进程持续推进，第三次全球钢铁产业的转移已开启，我国钢铁产量快速增长，成为世界钢铁最大生产国，2020年粗钢产量为10.65亿吨，创历史新高，占全球粗钢产量比重超过一半，是2011年的1.5倍。近十年来，中国粗钢产量保持4%以上的复合增长率。同时，作为全球制造业大国，我国2019年钢材直接出口0.638亿吨，间接出口成品钢材接近1亿吨，合计出口接近1.6亿吨，占总产量的比重超过13%。

未来我国城镇化率仍有很大提升空间，2020年我国城镇化率为63.89%，远低于73%的粗钢生产临界点。同时，未来一段时期，尚无别的国家有潜力能够承接如此大规模的产

业转移。我国作为全球制造业大国的地位难以撼动，全球钢铁产业的重心将持续向我国转移。

主要发达经济体的粗钢产量在见顶前10年仍然保持比较高的增速，比如美国、日本、德国、法国的粗钢产量在见顶前10年的复合增速分别为3.3%、14.2%、2.5%、3.2%，剔除情况相对特殊的日本，其他几个国家的粗钢产量在见顶前能保持3%左右的复合增速。因此，我国钢铁产量将持续增长，之后进入平台期。

与此同时，主要大宗商品的供给仍将集中于少数国家。矿产和能源的储量可以反映未来的供给，从矿产和能源的储量来看，未来大宗商品的供给仍将集中于少数国家。以铁矿石为例，我国以铁矿石为原料的炼铁–炼钢的长流程生产工艺决定了以铁矿石为主要原料的钢铁生产格局未来将长期存在。即使考虑短流程废钢的替代，未来我国铁矿石的需求仍将保持高位。而全球优质铁矿石资源主要分布在澳大利亚、巴西、俄罗斯和非洲地区，其中，澳大利亚和巴西的储量分别为240亿吨和150亿吨，合计占全球的总储量接近一半，我国铁矿石资源虽然储量较大但总体品位较低，铁矿石的含铁储量仅占全球总储量的8.2%，品位低导致矿石加工费用较高，因此我国将长期高度依赖海外铁矿石资源的进口。以能源为例，已探明原油和天然气的储量主要集中在中东、美洲和欧洲地区，其中，中东的储量占比接近一半，而我国的储量比重仅分别为1.5%和4.5%。再以铜为例，储量主要分布在智利、秘鲁、墨西哥、美国等美洲地区，我国的储量比重仅为3%。

综合来看，我国国际大宗商品的消费将保持高位，而供给仍将集中于少数海外国家，我国对国际大宗商品的依赖程度仍将处于较高水平。

上述内容具体参见表3–4所示。

表3–4　主要大宗商品的储量分布

铁矿石	原油	铜
澳大利亚（240亿吨，28.6%）	中东地区（8360.1亿桶，48.2%）	智利（2亿吨，23%）
巴西（150亿吨，17.9%）	委内瑞拉（3038.1亿桶，17.5%）	秘鲁（0.92亿吨，10.6%）
俄罗斯（140亿吨，16.7%）	加拿大（1691.2亿桶，9.7%）	墨西哥（0.53亿吨，6%）
中国（69亿吨，8.2%）	俄罗斯（1078亿桶，6.2%）	美国（0.48亿吨，5.5%）
印度（34亿吨，4%）	中国（259.6亿桶，1.5%）	中国（0.26亿吨，3%）

注：铜、铁矿石的储量数据来源于美国地质调查局，为2020年数据；原油的储量数据来自BP，为2020年数据。

六、提升我国国际大宗商品定价权的对策建议

基于结构性权力的视角，下面分别从生产、金融、知识和安全等角度提出提升我国国际大宗商品定价权的对策建议。

（一）完善国际大宗商品储备调节制度

当前我国大宗商品的储备机制对稳定大宗商品价格发挥了重要作用，但是仍然存在商品储备不均等问题。考虑到铁矿石、铝、铜、石油等国际大宗商品都可以长期储存，建议加大

政府储备力度，建立铁矿石储备调节机制，加大铝、铜、石油等商品的储备力度。同时要充分发挥商业储备的作用，加大对商业储备的政策支持力度。

（二）建立国际大宗商品集中统一采购机制

由于我国国内大宗商品采购企业各自为政、比较分散，而国际大宗商品的供给高度垄断，导致我国企业的定价能力缺失。建议从国家层面整合供应渠道、组建采购联盟，统一协调国际大宗商品进口，力争使国际大宗商品的价格更好地反映供求关系，增强我国在国际大宗商品市场上的价格影响力。

（三）推进相关行业兼并重组

我国主要大宗商品下游行业的市场集中度较低，以钢铁行业为例，美国、欧盟、日本等国家和地区产量排名前4位的钢铁企业集中度均超过60%，而我国仅在20%左右，极大削弱了我国钢铁行业在铁矿石定价过程中的议价能力。建议加速大宗商品需求行业的兼并重组进程，打造几个具有世界影响力的大型钢铁企业，提高行业集中度和议价话语权，更好发挥协同效应和规模经济效应。

（四）提升企业创新能力

我国大宗商品加工企业的产品同质化严重、技术水平较低，高端产品供给不足，国际贸易竞争力不强，很难将国际大宗商品涨价的成本向下游传导，因此，面临双向挤压的困局。

以钢铁行业为例，尽管我国是全球最大的钢铁生产国，但是高端钢铁产品仍然依赖进口。建议提升大宗商品加工企业的创新能力，增加高端产品供给，提升加工产品的国际定价权。

（五）建设长期稳定的海外国际大宗商品供给基地

鼓励有条件的企业，通过合资、参股、控股等模式，在海外建立长期稳定的多元化、多渠道、多方式的国际大宗商品供给基地，加大海外权益矿开发，提升资源自主权，为国际大宗商品的长期稳定供应提供保障。

（六）加大我国期货市场的对外开放力度

稳定扩大特定品种的开放范围，推动将更多国际大宗商品的期货和期权列为特定品种。探索开放新模式，优化交易制度规则，降低境外投资者制度性交易成本，引入更多境外投资机构深度参与国内期货市场交易。提升期货市场监管能力，更好发挥期货市场的价格发现和套期保值功能。

（七）持续推进人民币国际化

着力增加对人民币的需求，以双边和多边区域合作为突破口，加强经贸合作，建立和巩固货币互换协议。扎实推进共建“一带一路”，加强与沿线国家贸易投资合作，推动与各国共同推动陆、海、天、网四位一体的互联互通，拓宽对“一带一路”沿线国家的投融资广度，扩大人民币的使用范围，增强人民币的计价功能。深化金融市场改革，实现更高水平的金融业对外开放，加快构建更加市场化的人民币汇率形成机制改革，增强人民币汇率弹性。发展和完善人民币离岸市场体系，推动人民币离岸市场与在岸市场的协调发展。

（八）提升我国大宗商品价格指数的国际影响力

近年来，我国大宗商品价格指数的编制和运用都取得了良好进展，对引导价格形成发挥了积极作用。但是，部分大宗商品价格指数仍然存在编制不合理、国际影响力和权威性不足等问题。因此，有必要提高大宗商品价格指数编制的准确性和合理性，同时积极向海外推介，在国际贸易中争取使用我国编制的大宗商品价格指数进行贸易结算，提高我国价格指数的国际影响力。

第四章　大宗商品价格波动的影响因素研究

受周期性、结构性、金融性、敏感性等影响，大宗商品的价格波动幅度往往较大。由于不同大宗商品本质上的差异，各个因素对大宗商品价格波动的影响程度也有所不同。

一、粮　食

21世纪以来，全球粮价经历了2005年底到2008年上半年、2010年6月至2011年2月、2012年6月到2012年下半年、2020年以来等四轮大幅上涨，引发四轮全球粮价大幅上涨既有共性因素，也有个性因素。不同于其他大宗商品，短期粮食消费需求具有刚性，较为稳定，价格波动更多来源于供给冲击，比如极端天气、地缘政治冲突、粮食贸易保护主义等。能源价格对粮食价格波动也有较大影响，资金投机则对粮食价格波动起到了放大效应。考虑到全球粮食价格主要以美元定价，因此美元汇率变动也会影响粮食价格，但是影响程度不如前几个因素。具体参见图4–1所示。

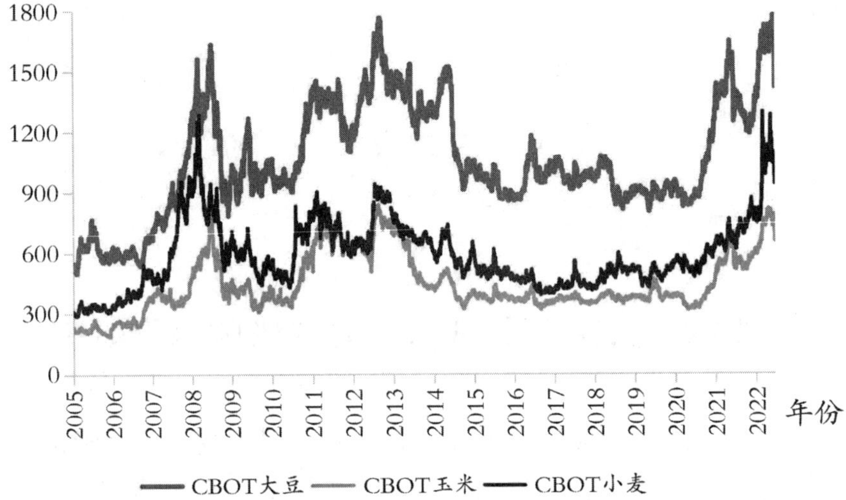

图4–1 2005年以来国际大豆、玉米、小麦价格走势（单位：美分/蒲式耳）

数据来源：CBOT（芝加哥期货交易所）。

1. 2005年底到2008年上半年

2008年3月，全球谷物价格指数涨至163.33，较2005年底上涨1.7倍，创此前历史新高。CBOT大豆、玉米、小麦期货收盘价分别于2008年3月和6月上涨至1492.62美分/蒲式耳、713.38美分/蒲式耳、1101.89美分/蒲式耳的历史高位，分别较2005年底翻了1.3倍、2.3倍、1.6倍。总体而言，主要产粮国大面积减产、能源价格大幅上涨、粮食贸易保护主义、全球宽松流动性、美元贬值等多重因素，共同助推了本轮粮价的上涨。

极端天气冲击影响粮食生产。这一时期，美国、澳大利亚、欧盟、加拿大、乌克兰等连续遭受极端气候冲击，全球小麦产量2005年和2006年连续两年减产，其中，美国小麦减产

2.5%和14.1%，2007年澳大利亚小麦减产33.7%。全球大豆产量2007年和2008年连续两年减产，其中，阿根廷分别减产5.3%和30.7%，美国2007年减产13.5%，巴西2008年减产5.3%。全球玉米2005年减产2%，阿根廷2005年减产22.9%，美国2005年和2006年连续两年分别减产5.9%和5.3%。

与此同时，全球粮食的消费需求保持高位，2006—2007年全球玉米消费量为7.3亿吨、7.7亿吨，小麦和大豆的消费量分别在6.2亿吨、2.3亿吨左右。

供需偏紧下，库存持续去化，2006年和2007年全球玉米库存消费比分别降至15%和16.8%，全球小麦库存消费比分别降至20.8%和19.9%，全球大豆库存消费比分别降至23.1%和19.2%。

上述内容具体参见图4–2、图4–3、图4–4所示。

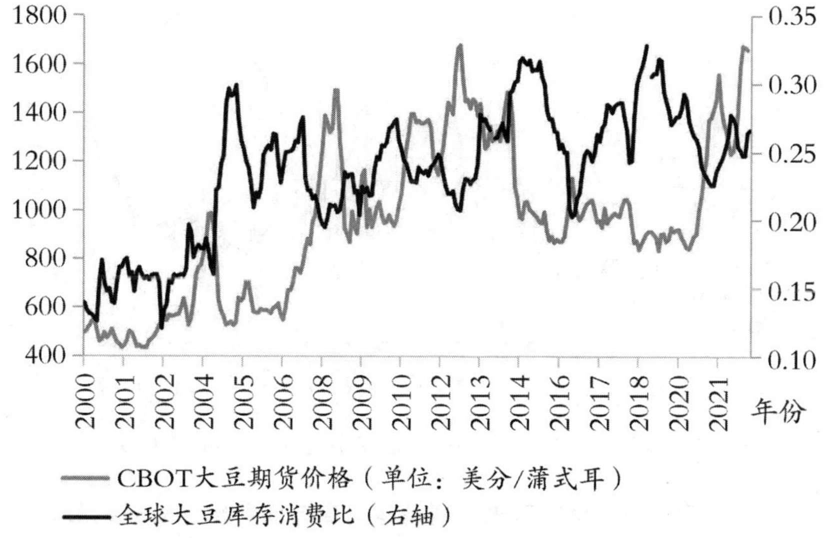

图4–2　全球大豆期货价格与库存消费比（%）

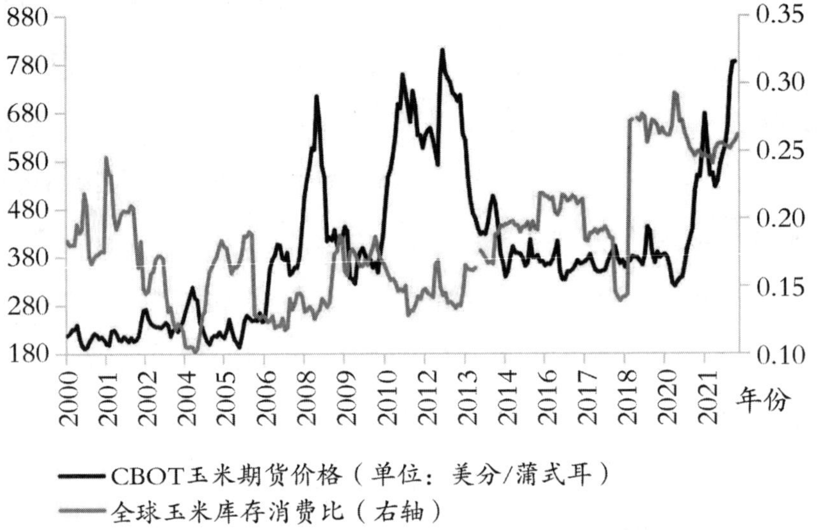

图4-3 全球玉米期货价格与库存消费比（%）

图4-4 全球玉米期货价格与库存消费比（%）

数据来源：美国农业部、CBOT。

能源价格大幅上涨。从历史趋势来看，国际粮食价格与能源价格的走势保持较强的趋同性，能源价格主要通过两种渠道来影响粮食价格：一是成本效应。能源在粮食生产成本中的比重较高，能源价格上涨使得以能源为原材料的化肥、柴油等农业生产资料价格上升，进而推动粮食价格上涨。二是替代效应。能源价格上涨会增加对生物柴油、燃料乙醇等生物燃料的需求，进而抬高粮食价格。

2003年以来，全球石油市场需求旺盛、石油输出国组织（OPEC国家）产量增长乏力、美元贬值、中东地缘政治因素等多重因素交叠共振，导致ICE布伦特原油价格从2003年底的接近30美元一直上涨至2008年7月的134.6美元左右。原油价格大幅上涨带动化肥等农资材料价格上升，尿素、氯化钾、磷酸二铵分别从213.88美元/公吨、175.5美元/公吨、245.88美元/公吨，涨至785美元/公吨、546美元/公吨、1074.75美元/公吨的此前历史高位。

与此同时，能源价格大幅上涨使得生物燃料有利可图，2003—2008年美国燃料乙醇和生物柴油的产量分别增长2.3倍和46.7倍，带动了玉米、大豆等主粮价格上涨。

上述内容参见图4–5、图4–6、图4–7所示。

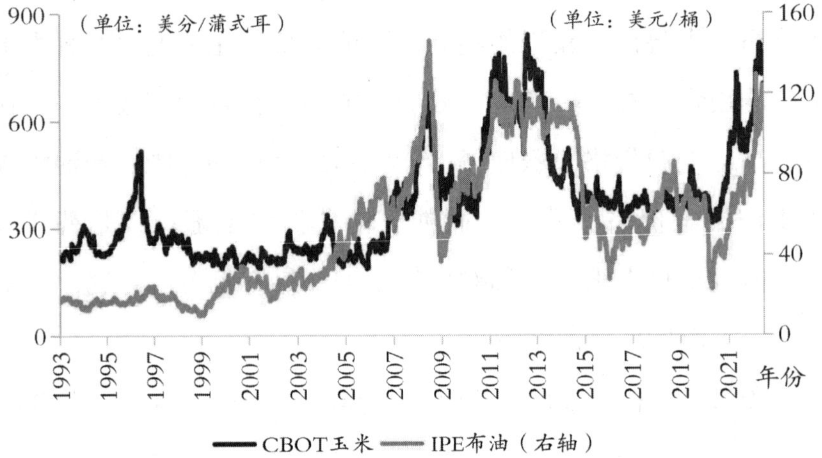

图4-5　国际玉米与原油期货价格走势相关性较高

数据来源：CBOT、IPE（伦敦国际石油交易所）。

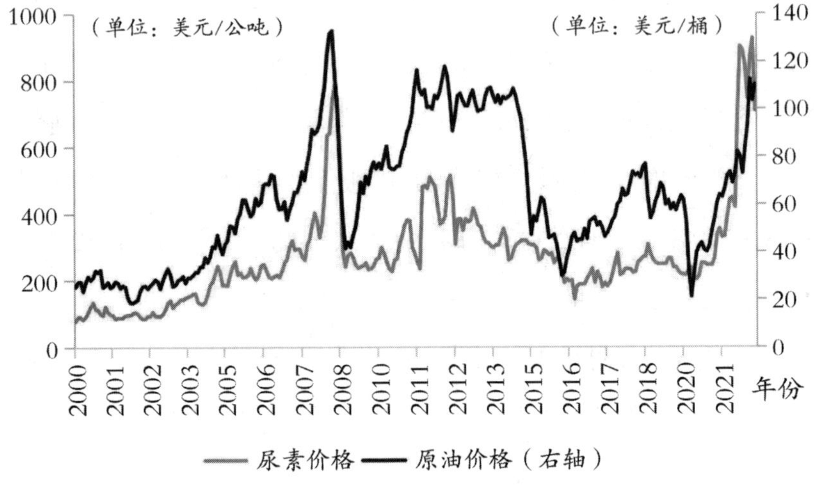

图4-6　国际原油价格与尿素价格的走势较为一致

数据来源：世界银行。

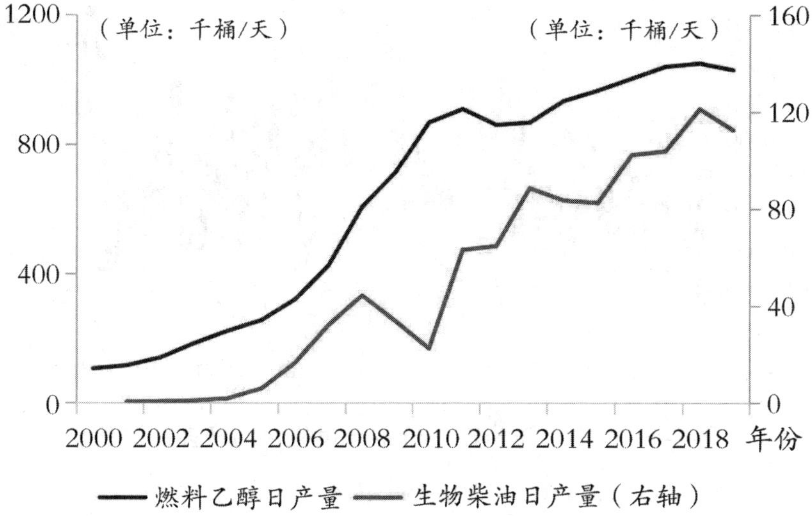

图4-7　2000年以来美国生物燃料产量

数据来源：EIA（美国能源信息署）。

国际粮食期货市场投机氛围浓厚。这一时期，大量投机资金流入粮食期货市场，CBOT玉米、小麦、大豆净多头合约数量从-114265、-41939、-78161张，上升至395081、34364、155278张的高位，投机资金借机炒作推高了粮食期货价格。具体如图4-8所示。

粮食贸易保护主义兴起。在全球高粮价影响下，部分国家为满足国内市场需求，纷纷采取措施限制粮食出口，同时，粮食贸易保护会产生“多米诺骨牌效应”，促使更多国家采取粮食贸易限制措施，进一步推高了全球粮食价格。2006年11月农产品出口大国阿根廷将大豆、豆油、豆粕、小麦、玉米的出口关税大幅上调。世界第五大小麦出口国俄罗斯也对小麦出口加

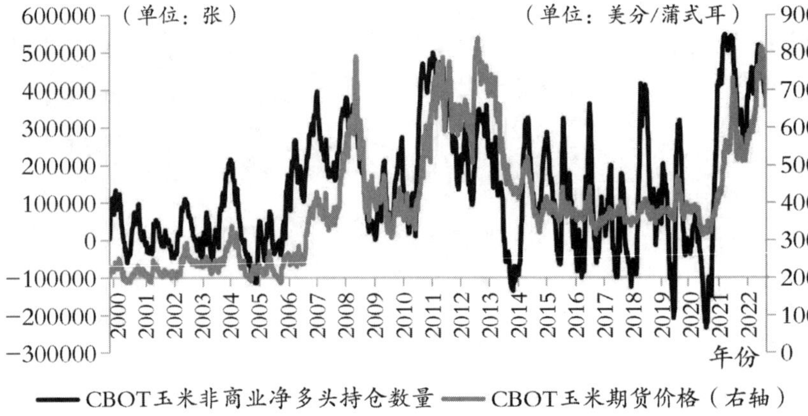

图4-8 CBOT玉米期货价格与投机合约净多头数量

数据来源：CBOT、CFTC（美国商品期货交易委员会）。

征10%关税，对大麦出口加征30%的关税。2007年初，作为世界第二大小麦和大米生产国的印度宣布，全年禁止小麦出口，随后又限制玉米和面粉出口。2008年以来，越南、印度、柬埔寨和埃及等世界多个主要大米出口国，均出台限制大米出口的政策。

美元汇率大幅贬值。受欧洲经济向好等多重因素影响，美元汇率持续贬值，美元指数从2005年底的90.92降至2008年4月的历史低点72.11，贬值幅度高达20%。具体参见图4-9所示。

2. 2010年6月至2011年2月

全球食品价格指数涨至137.62，较2011年2月涨幅高达43.7%。粮食价格上涨明显，CBOT大豆、玉米、小麦、稻谷的期货收盘价分别上涨至1395.05美分/蒲式耳、696.41美分/蒲式耳、851.92美分/蒲式耳、15.23美分/英担，玉米价格翻了1倍，

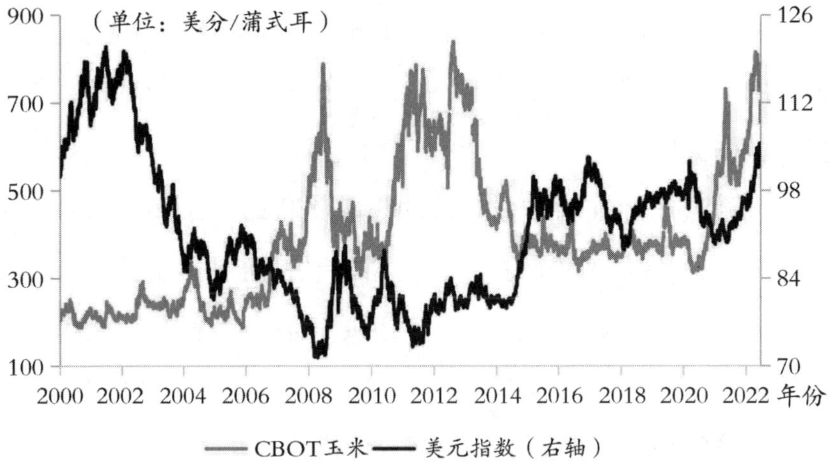

图4–9　CBOT玉米期货价格与美元指数

数据来源：CBOT。

大豆、小麦、稻谷涨幅也分别达到49.2%、88.1%、41.7%。总体而言，极端天气频发导致主要产粮国大面积减产、能源价格上涨、粮食贸易保护以及宽松的流动性，共同助推了本轮粮价的上涨。

极端天气扰动粮食供给。2010年夏季，俄罗斯西部及东欧地区持续高温干旱，俄罗斯1000万公顷农作物绝收，相当于全国农作物种植面积的1/5，加拿大大草原地区降雨过量耽搁了小麦播种。2010年，全球小麦产量同比下滑5.4%，其中，俄罗斯、乌克兰、加拿大、美国的小麦产量分别同比减少32.8%、19.3%、13.2%和0.5%；全球玉米产量（除中国外）小幅下降，其中，美国、俄罗斯的玉米产量同比下降4.9%、22.2%。与此同时，全球消费维持高位，2010年全球小麦和玉米的消费量分别为8.5亿吨、6.5亿吨，同比增长3.3%、0.7%。库存持续去化，全球小麦的库存消费比由2009年的22.4%降至19.4%，全球玉米的库存消费比从2009年的17.5%降至15.1%，全球粮食供需格局整体偏紧。

宽裕流动性推动资金投机炒作。美联储于2010年11月推出第二轮QE（量化宽松政策），宽裕流动性推动大量投机资金涌入期货市场，投机资金持有的CBOT玉米、小麦、大豆净多头合约数量从9828、–55617、13023张，上升至498177、42635、228273张的高位，推高了粮食期货价格。

能源价格大幅上涨。全球财政和货币政策宽松，叠加中东地区地缘风险事件扰动，推动能源价格大幅上涨，ICE布伦特原油价格从2010年6月的75.6美元/桶，涨至2011年4月的122.6美元/桶。

粮食贸易保护兴起。受极端天气影响，俄罗斯、乌克兰等国家粮食生产受到严重冲击，为保障国内供应，2010年8月俄罗斯全面禁止小麦出口，全年小麦出口量从2009年的1856万吨降到398万吨，同比下降79%。乌克兰政府于2010年10月中旬对粮食出口开始实施配额限制，此前乌克兰粮食出口量为590万吨，此后锐减至80万吨。贸易保护政策限制粮食出口，导致全球市场的粮食供应量不足。根据世界银行相关研究，这一时期的贸易保护主义放大了全球粮食价格波动，贸易保护政策可以解释40%的全球小麦价格上涨和25%的全球玉米价格上涨。

3. 2012年6月到2012年下半年

全球谷物价格指数从2012年6月的125.33涨至当年11月的148.48，涨幅高达18.5%，CBOT玉米期货价格从6月15日的506美分/蒲式耳涨至8月21日的838.2美分/蒲式耳，大豆期货价格从6月4日的1340美分/蒲式耳涨至9月4日的1762.25美分/蒲式耳，小麦期货价格从6月1日的612.25美分/蒲式耳涨至7月20日的940.2美分/蒲式耳。期间，玉米、大豆、小麦的涨幅分别为65.7%、31.5%、53.6%。总体而言，严重旱情频发导致主要产粮国大面积减产、宽松的流动性以及原油价格大幅上行，共同助推了本轮粮价的上涨。

严重旱情导致主要产粮国大面积减产。受极端气候因素影响，2012年全球100多个国家遭遇了不同程度的旱灾威胁，特别是美国、俄罗斯等主要粮食出口大国粮食减产，2012年全球小麦产量6.6亿吨，同比下滑5.5%，其中，俄罗斯小麦产量为0.38亿吨，同比减少32.9%；2012年全球玉米产量为8.9亿吨，同比下降2.1%，其中，美国玉米产量2.7亿吨，同比下降13%；2012年美国大豆产量0.83亿吨，同比下降1.7%。库存持续去化，美国玉米、大豆的库存消费比分别从2011年的9%、9.5%降至7.9%、7.8%，全球小麦的库存消费比从2011年的28.5%降至25.8%，全球粮食供需格局偏紧。

宽裕流动性推动资金投机炒作。大量投机资金涌入期货市场，投机资金持有的CBOT玉米、小麦净多头合约数量从93566、-60793张上升至359273、59279张的高位，资金投机炒作推高了粮食期货价格。

原油价格大幅上涨。ICE布伦特原油期货价格从2012年6月25日的90.3美元/桶，涨至2012年9月14日的117.09美元/桶，涨幅超过30%。

4. 2020年以来

新冠肺炎疫情暴发后，全球粮食价格大幅上涨，2022年3月全球谷物价格指数涨至170.13，创历史新高，较2020年初上涨接近70%。CBOT大豆、玉米、小麦的期货收盘价分别上涨至1720.75美分/蒲式耳、814.5美分/蒲式耳、1294美分/蒲式耳的高位，分别较2020年的低点上涨161%、109%、172%，小麦价格创历史新高，大豆、玉米价格处于2012年以来新高。总体而言，新冠肺炎疫情和极端天气冲击、地缘政治冲突、能源价格大幅上涨、全球粮食贸易保护主义以及宽松流动性等，共同助推了本轮粮价上涨。

新冠肺炎疫情和极端天气冲击下全球粮食供需偏紧。新冠肺炎疫情叠加极端天气冲击下，全球粮食产量增长相对缓慢。全球连续两年遭遇拉尼娜现象，南美干旱气候频发，巴西、阿根廷的大豆分别减产9.7%、6.1%。北美小麦受干旱等气候因素影响，出现较大幅度减产，加拿大和美国分别减产38.5%和10%。与此同时，全球粮食消费维持高位，2020年和2021年全球大豆消费量为3.64亿吨和3.65亿吨，小麦消费量为7.82亿吨和7.91亿吨。供需偏紧下，粮食库存持续去化，2020—2021年全球大豆的库存消费比分别降至27.45%和23.63%，小麦的库存消费比分别降至37.27%和35.31%，玉米的库存消费比分别降至25.65%和25.94%，均处于2016年以来的低位。

宽裕流动性推动了投机资金在期货市场炒作。新冠肺炎疫情暴发以来，美联储大规模量化宽松，资产负债表规模从疫情前的4.2万亿美元扩张到7.6万亿美元的历史高位，美元流动性泛滥，大量投机资金涌入粮食期货市场，投机资金持有的CBOT玉米、大豆净多头合约数量从-235013、-30558张上升至547677、282075张，投机炒作氛围推高了粮食期货价格。

能源价格大幅上涨。新冠肺炎疫情暴发后全球经济共振复苏，但在“OPEC+”增产幅度有限、俄乌地缘政治冲突扰动下，供给不足推动能源价格大幅上涨，ICE布伦特原油期货价格从2020年3月的35.4美元一直上涨至2022年3月的111.2美元左右，纽约商品交易所天然气价格从2020年6月的1.44美元/BTU（英热单位，下同）上涨至2022年的9.34美元/BTU，欧洲ARA港动力煤现货价从2020年5月的38美元/吨飙涨至348.3美元/吨，均处于历史高位。能源价格大幅上涨带动了化肥价格上升，尿素、磷酸二铵从2020年5月的201.9美元/公吨、263美元/公吨分别上涨至925美元/公吨、954美元/公吨，尿素的价格创历史新高，磷酸二铵的价格创金融危机后新高。

粮食贸易保护主义大范围兴起。疫情增加了粮食供给的不确定性，部分全球粮食出口大国优先考虑本国供给，采取了出口限制的保护措施，比如世界第三大稻米出口国越南、全球小麦主要出口国哈萨克斯坦，以及俄罗斯和印度等国家陆续宣布限制粮食出口，导致国际粮食供给减少。俄乌冲突后，世界粮食供应紧张再次使得全球范围内的贸易保护主义兴起，根据国际食物政策研究所统计，冲突爆发的一个多月里，共16个国家采取了39项限制措施，占全球粮食贸易热量的17%。

地缘政治冲突加剧粮食供应紧张。俄罗斯是世界粮食生产大国，是全球最大的小麦出口国，乌克兰也是全球农产品的主要出口国之一，被誉为“欧洲的粮仓”。根据联合国贸易统计数据库，俄罗斯和乌克兰的小麦、大麦、葵花籽和玉米的出口量均居全球前5名，其中，小麦和大麦分别占全球总贸易量的34.1%、26.8%。乌克兰的大多数谷物出口需要从敖德萨和黑海西部的港口运出，俄乌冲突直接阻碍了乌克兰的粮食出口，同时影响了乌克兰的农业生产，乌克兰国内20%的耕地难以进行播种、收获，2022年玉米的春播面积同比减少21%，多种粮食作物面临减产，加剧了全球粮食供应短缺。此外，俄罗斯是氮肥和钾肥的重要供应国，其出口份额占全球氮肥贸易的15%、钾肥贸易的17%。而美国等西方国家对俄罗斯制裁，加剧了全球化肥供应紧张，推升了全球化肥价格，化肥价格上涨使得农业化肥的施用量减少，增加了粮食歉收的可能性。

二、原　油

21世纪以来，全球原油价格经历了2001年11月到2006年8月、2007年1月到2008年7月、2009年2月到2011年4月、2016年1月到2018年10月、2020年4月以来等五轮大幅上涨。五轮全球原油价格大幅上涨既有供需因素影响，也有美元汇率、资金投机、地缘政治等因素。

考虑到原油市场的周期性和结构性因素，供给和需求对原油价格波动均有很重要的影响，需求决定价格走势，供给影响价格波动幅度，地缘政治、资金投机在短期放大了原油价格波动，美元汇率也会影响原油价格。

上述内容具体参见图4-10所示。

图4-10　2000年以来布伦特原油价格走势（单位：美元/桶）

数据来源：IPE。

1. 2001年11月到2006年8月

2001年11月15日至2006年8月7日，ICE布伦特原油期货价格从17.33美元/桶一路上涨至78.16美元/桶，涨幅高达351%。原油需求快速增长、美元走弱、资金投机等因素助推了本轮油价上涨。

原油需求快速回升。2001年以来，随着美联储货币持续大幅宽松，美欧等发达国家经济复苏，新兴市场经济体快速崛起，全球经济进入高速增长期，带动原油消费量快速上升，原油消费量从2001年的36亿吨上升至2006年的39亿吨，年增长1.7%，高于过去10年1.2%的消费增长率。

具体参见图4–11所示。

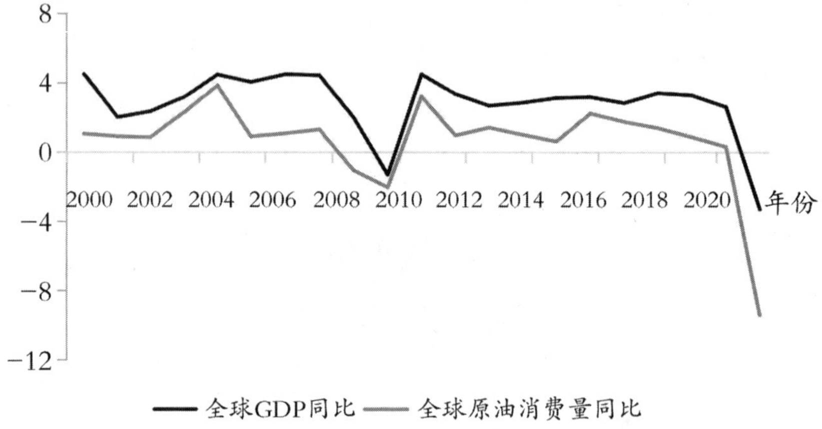

图4–11　全球原油消费量与GDP增速（单位：%）

数据来源：世界银行、BP（英国石油集团公司）。

投机资金炒作。原油期货市场的投机氛围浓厚，投机合约快速增长，纽约商业交易所投机资金持有的WTI原油净多头合约数量从–71928张上升至94094张的高位，投机资金大量布局多头合约，推高了原油期货价格。

美元持续大幅贬值。受非美经济向好等多重因素影响，美元汇率持续贬值，美元指数从2001年11月的116贬至2004年底的80左右，贬值幅度超过30%。

具体参见图4–12所示。

图4-12　美元汇率与原油价格走势（单位：美元/桶）

数据来源：IPE。

2. 2007年1月到2008年7月

2007年1月18日至2008年7月3日，ICE布伦特原油期货价格从51.62美元/桶一路上涨至146.08美元/桶，涨幅高达183%。原油供需偏紧、美元走弱、资金投机等因素，助推了本轮油价上涨。

原油供需偏紧。尽管美国经济明显回落，但是欧洲和亚洲经济保持强劲增长，2007年全球原油消费量高达39.8亿吨，较2006年增长1.3%。与此同时，OPEC及其合作伙伴国减产，沙特阿拉伯的石油设施遭到袭击，使得原油供给缩减，2007年全球原油产量仅为39.6亿吨，较2016年同比下降0.2%，供需缺口持续扩大，平均供需缺口达到88万桶/天。

美元小幅贬值。美元汇率持续贬值，美元指数从2007年1月的84.4贬至2008年7月的72.5，贬值幅度高达14%。

投机资金炒作。这一时期，大量投机资金涌入原油期货市场，纽约商业交易所投机资金持有的WTI原油净多头合约数量从-22538张上升至115145张的高位，投机资金大量买入多头合约，推高了原油期货价格。

3. 2009年2月到2011年4月

2009年2月18日至2011年4月27日，ICE布伦特原油期货价格从39.55美元/桶一路上涨至126美元/桶，涨幅高达351%。原油供需偏紧、美元贬值、资金投机等因素，助推了本轮油价上涨。

原油需求复苏，OPEC减产。金融危机后，美联储持续大幅降息，并推出量化宽松政策，其他各国也均采取了宽松的财政和货币政策以促进经济恢复，导致原油需求端恢复增长，2009—2011年全球原油消费量分别为38.6亿吨、39.9亿吨、40.2亿吨，同比增速分别为-2%、3.2%和1%。同时，2008年下半年市场供需过剩，原油价格暴跌。为了稳定油价，OPEC2008年全年计划减产幅度累计高达每天420万桶，叠加伊朗核问题、利比亚战争等地缘政治局势影响，供给偏紧，2009—2011年全球原油产量分别为39亿吨、39.8亿吨、40.1亿吨，同比增速分别为-2.5%、2%、0.8%，供需缺口明显扩大。

美元小幅贬值。美元汇率持续贬值，美元指数从2009年2月的86.5贬至2011年4月的74.7，贬值幅度达到14%。

宽裕流动性推动了资金投机炒作。在美联储量化宽松的背景下，大量投机资金涌入原油期货市场，投机氛围浓厚。2011年3月，原油净多持仓量最高增至275582张，较2009年2月增长15.6倍。

具体参见图4–13、图4–14所示。

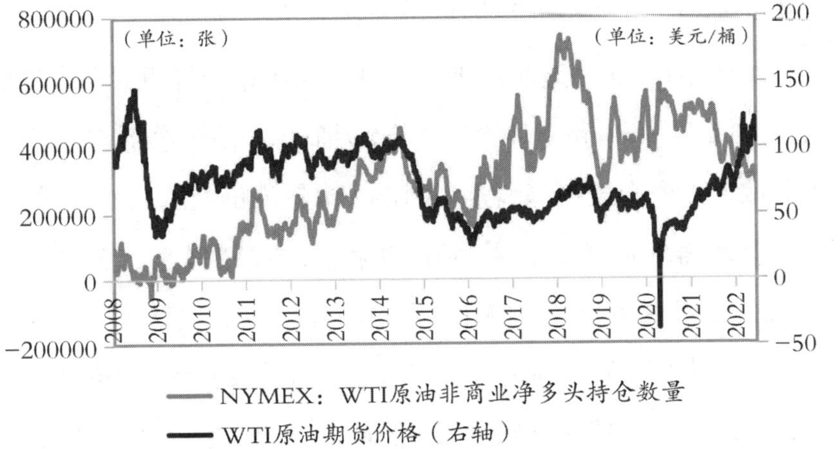

图4–13　WTI原油期货价格与投机合约净多头持仓数量（1）

图4–14　WTI原油期货价格与投机合约净多头持仓数量（2）

数据来源：WTI（美国西德克萨斯轻质中间基原油）、CFTC（美国商品期货委员会）。

4. 2016年1月到2018年10月

2016年1月20日至2018年10月3日，ICE布伦特原油期货价格从29.79美元/桶一路上涨至86.1美元/桶，涨幅高达210%。原油供需偏紧、资金投机等因素，助推了本轮油价上涨。

全球需求回暖，供给面临约束。2016年以来，美国、中国、欧洲等主要经济体PMI（采购经理指数）重新进入扩张区间，新一轮全球复苏周期共振带动了原油需求上行。2016—2018年，全球原油消费量分别为43.1亿吨、43.7亿吨、44.1亿吨，同比分别增长1.8%、1.4%、0.9%。2016年“OPEC+”联盟形成后，于9月达成冻产协议，同意将日产量限制在3250万～3300万桶。同年11月，OPEC在维也纳召开减产会议，同意将其原油产量削减120万桶/日，至3250万桶/日，这项减产计划于2007年1月1日正式生效。与此同时，主要的非欧佩克产油国也协商同意将其产量削减60万桶/日，其中俄罗斯的减产量占到一半。2017年12月，“OPEC+”年度会议又将减产协议延长一年。因此，供给面临明显约束，2016—2018年全球原油产量分别为43.8亿吨、43.9亿吨、44.8亿吨，同比分别增长0.4%、0.3%、2.2%。供需缺口明显扩大，2017年四季度缺口达到130万桶/天的阶段性高点，原油进入被动去库存阶段，经济与合作组织的石油库存从2016年初的46亿桶降至2018年10月的44亿桶。

资金投机炒作原油期货。受乐观预期影响，大量投机资金涌入原油期货市场，纽约商业交易所投机资金原油期货持仓量明显回升，2018年2月原油净多持仓量最高增至739097张，较2016年初增长3.5倍。

5. 2020年4月至今

2020年4月27日至2022年3月8日，ICE布伦特原油期货价格从23美元/桶一路上涨至129.47美元/桶，涨幅高达463%。供需偏紧、地缘政治冲突等因素，推动了本轮原油价格上涨。

原油需求快速回升，供给受到约束。疫情暴发后，美联储大规模量化宽松，其他各国也纷纷出台宽松的货币和财政政策，全球经济快速回暖。2022年7月后，摩根大通全球综合PMI回升至荣枯线以上，带动原油需求。与此同时，2020年5月，“OPEC+”开始联合减产970万桶/日，原油产量急剧下降，6月OPEC原油产量2224万桶/天，创下阶段性新低。随着全球原油需求复苏，“OPEC+”减产规模持续下降，至2021年4月“OPEC+”减产规模缩小为580万桶/日。2021年5月开始增产，5—7月计划将原油日产量提高逾100万桶。8月起，“OPEC+”选择月增产40万桶/日，OPEC产量逐步回升，2022年4月上升至2865万桶/天。但整体上仍处于供需偏紧，供需缺口持续扩大，2021年四季度供给缺口达到255万桶/天，处于2002年以来最大值。

地缘政治冲突扰动原油供给。2022年1月下旬以来，俄罗斯和乌克兰局势恶化，俄罗斯是全球重要的能源供给国，2021年贡献了全球原油、天然气出口总量的35%和21%，美西方对俄罗斯实施石油禁运等制裁措施，加剧了全球原油供给的不确定性。

三、黑色金属

1. 钢铁

过去一段时期，我国钢铁价格经历了2006年11月至2008年6月、2009年3月至2011年2月、2015年底到2018年8月、新冠肺炎疫情暴发以来到2021年5月等四轮大幅上涨，供需基本面、原材料成本等是导致钢铁价格波动的重要因素。

从近几年来看，供给因素变得越来越重要。同时，由于行业议价能力弱，铁矿石、焦煤等原材料成本也是影响钢铁价格波动的重要因素。

上述内容参见图4-15所示。

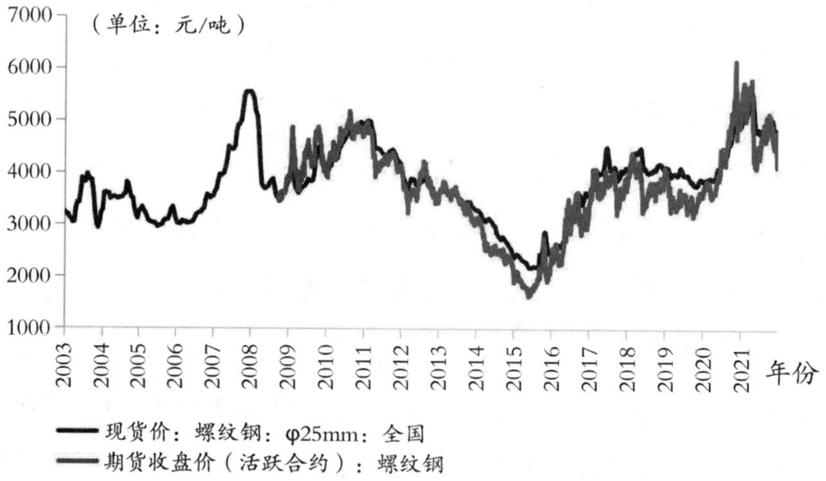

图4-15　2003年以来螺纹钢价格走势

数据来源：商务部、上海期货交易所。

2006年11月至2008年6月：螺纹钢（ф25毫米）现货价从3290元/吨一路涨至5556元/吨，涨幅接近70%，原材料成本上涨推动了这一时期的钢铁价格上行。2006年以来我国经济延续强劲增长态势，PMI持续回升，固定资产投资增速和房地产开发投资增速分别在20%和30%以上，出口也维持了两位数的增长，推动了钢铁需求处于高位。2007年和2008年的粗钢表观消费量为4.4亿吨、4.7亿吨，同比分别增长10.8%、6.8%。同时，我国钢铁产能规模较大，供给增长也较快，2007年和2008年的粗钢产量为4.9亿吨和5.1亿吨，同比分别增长16.3%、4.6%。供需未出现明显失衡。与此同时，这一时期上游原材料的价格涨幅更大，铁矿石定价权缺失下价格翻了一倍，焦煤价格翻了接近4倍，原材料价格大幅上涨推动了钢铁价格上行。

具体参见图4–16所示。

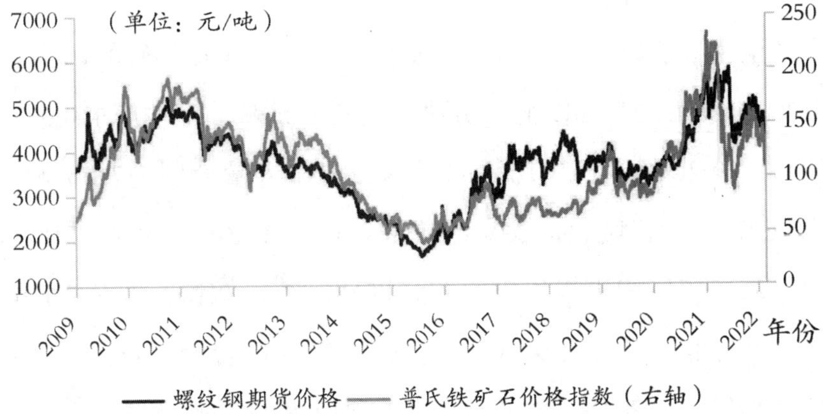

图4–16　螺纹钢价格与铁矿石价格走势

数据来源：上海期货交易所、Wind。

2009年3月至2011年2月：上海期货交易所螺纹钢期货价格从3290元/吨一路涨至5556元/吨，涨幅接近70%，需求旺盛叠加原材料成本上涨，推升这一时期的钢铁价格上涨。2008年底，我国出台一系列刺激政策，经济率先脱离低迷态势，经济景气度回升至荣枯线以上，基建投资和房地产开发投资增速均处于高位，带动钢材需求。2009—2011年，我国粗钢的表现消费量分别为5.7亿吨、6.1亿吨、6.7亿吨，同比分别增长23.4%、6.6%、9.1%，粗钢产量分别为5.8亿吨、6.4亿吨、7亿吨，同比分别增长12.6%、10.7%、9.9%，供需相对偏紧。此外，上游铁矿石价格涨幅较大，从60美元涨至190美元左右，也推动了钢铁价格上行。

2015年底到2018年8月：上海期货交易所螺纹钢期货价格从3290元/吨一路涨至5556元/吨，区间涨幅接近70%，供需偏紧推动了螺纹钢价格大幅上涨。2016年以来，我国经济回暖，PMI回升至荣枯线以上，房地产开发投资增速从2015年底的1%回升至2018年8月的10%以上，房地产投资回升带动钢铁需求增长。2016年、2017年、2018年的粗钢表观需求量分别为7.1亿吨、8.2亿吨、8.7亿吨，同比分别增长1.3%、13.6%、8%。与此同时，2015年底中央提出供给侧结构性改革，钢铁行业是去产能的重点行业，叠加环保限产等因素，钢铁产量增长较慢，2016年、2017年、2018年的粗钢产量分别为8.1亿吨、8.3亿吨和9.3亿吨，增幅仅为1.1%、5.7%和6.6%，供需紧平衡推动了粗钢价格快速上涨。此外，原材料焦煤的价格从515元/吨涨至1180元/吨，也推动了钢铁价格上涨。

上述内容参见图4-17所示。

图4-17　螺纹钢期货价格与房地产开发投资增速

数据来源：国家统计局、上海期货交易所。

新冠肺炎疫情暴发以来至2021年5月，上海期货交易所螺纹钢期货价格从3169元持续攀升至6171元/吨，创出历史新高，涨幅高达95%。需求复苏、供给收缩预期，叠加成本上涨，共同推动钢铁价格快速上行。随着疫情逐步得到有效控制，我国率先复工复产，房地产投资保持韧性，两年平均增速达到8%以上，叠加国际经济复苏，外部需求快速增长，钢材出口数量处于近年高位，用钢需求旺盛。与此同时，生产保持高位，2020年粗钢产量10.6亿吨，创历史新高，同比增长5.2%。2021年上半年粗钢产量同比增长11.8%，尽管生产保持高位，但是2021年初以来，工业和信息化部提出将压减钢铁产量，确保2021年实现钢铁产量同比下降。此后，部分地区出台的减产方案进一步引发了供给收缩预期，推动了钢铁价格上涨。此外，原材料铁矿石的价格大幅上涨，从82美元涨至233.1美元，铁矿石价格上涨也推动了钢铁价格大幅上行。

2. 铁矿石

过去一段时期，铁矿石价格经历了2006年6月到2008年8月、2009年4月到2011年2月、2015年12月到2017年2月、2018年3月到2019年6月、2020年2月到2021年5月等五轮大幅上涨，需求、海运成本、定价权等是导致铁矿石价格波动的重要因素。

由于定价权被生产端掌握，铁矿石需求、下游钢铁价格是影响铁矿石价格波动的重要因素。此外，由于铁矿石的国际贸易主要通过海运，因此海运价格也是影响铁矿石价格的因素。

具体参见图4-18所示。

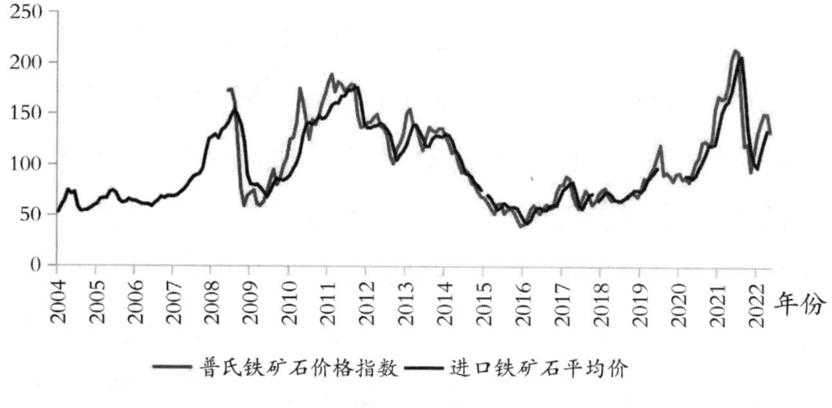

图4-18　2004年以来铁矿石价格走势（单位：美元/吨）

数据来源：普氏、Wind。

2006年6月到2008年8月：铁矿石进口均价从58.9美元/吨涨至154.46美元/吨，涨幅为162%，需求旺盛、定价权缺失叠加运费高涨推动了本轮铁矿石价格上涨。下游生铁产量持续快速增长，2006年和2007年的生铁产量分别达到4亿吨和4.7亿吨，同比分别增长19.8%和15.2%。2008年前8个月，我国生铁产量同比增长6.5%，生铁高产量带动了铁矿石进口，2006年和2007年的铁矿石进口数量为3.3亿吨和3.9亿吨，同比分别增长18.6%和20.5%，2008年上半年的铁矿石进口数量同比增长20.5%。同时，由于定价权缺失、议价能力弱，国内钢铁企业不得不被动接受国际矿商的漫天要价。此外，国际海运费大幅上涨，以运输铁矿石为主的好望角型运费指数（BCI）从2006年11月的5733.6涨至2008年5月的历史高点16808，涨幅接近两倍。

具体参见图4–19所示。

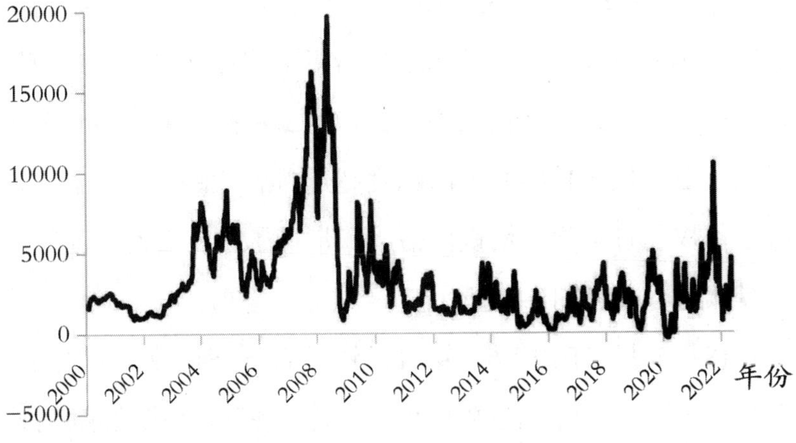

图4–19　2000年以来好望角型运费指数（BCI）走势

数据来源：WIND。

2009年4月到2011年2月：普氏铁矿石价格指数从58.5美元/吨涨至193美元/吨，涨幅为230%，需求旺盛推动了本轮铁矿石价格上涨。金融危机后，生铁产量快速回升，2009—2011年我国的生铁产量分别为4.8亿吨、5.5亿吨、6.0亿吨，同比分别增长15.6%、8.1%、7.2%。生铁产量快速回升带动了铁矿石需求，2009—2011年的铁矿石进口数量达到了6.3亿吨、6.2亿吨、6.9亿吨的历史高位。

2015年12月到2017年2月：普氏铁矿石价格指数从39.05美元/吨涨至95.05美元/吨，涨幅为143%。钢铁价格上涨带动了本轮铁矿石价格上涨。2016年以来，生铁产量持续回升，全年生铁产量恢复正增长，2017年一季度生铁产量同比增长5.6%。同时，2016年铁矿石进口量同比增长7.5%，2017年前两个月同比增长12.4%。库存持续积累，铁矿石的港口库存量从2015年底的0.96亿吨升至2017年2月底的1.3亿吨。综合来看，供需基本面相对宽松，本轮铁矿石价格上涨更多是下游钢铁价格上涨带动。2015年底以来，钢铁价格反弹，2017年2月螺纹钢期货价格涨至3600元左右，较2015年底上涨幅度超过1倍，在四大矿山掌握铁矿石定价权的背景下，钢铁价格上涨带动了铁矿石价格上行。

具体内容参见图4–20所示。

2018年3月到2019年6月：普氏铁矿石价格指数从63美元/吨涨至118美元/吨，涨幅达到87%，需求旺盛叠加供给偏紧推动了本轮铁矿石价格上涨。2018年3月后，生铁产量再次回升，全年生铁产量增长3%，2019年上半年生铁产量增长接近8%。与此同时，受2019年1月底巴西布鲁马迪纽溃坝事件及后续影响，淡水河谷上半年铁矿石产量下降23.4%，我国进口量持续下滑，2019年上半年进口下滑6%。库存持续去化，港口库存从

图4-20　铁矿石价格与螺纹钢价格走势

数据来源：上海期货交易所、WIND。

1.63亿吨降至1.1亿吨左右。

具体参见图4-21所示。

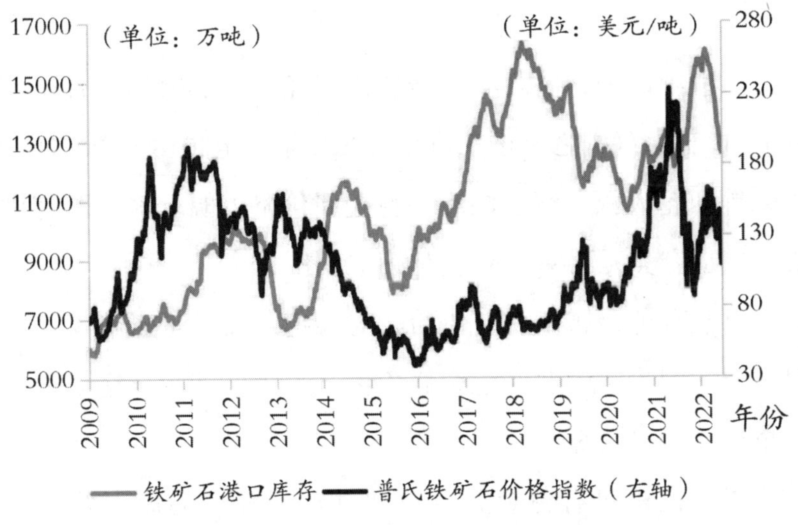

图4-21　铁矿石价格与港口库存

数据来源：Wind。

2020年2月到2021年5月：普氏铁矿石价格指数从79.8美元/吨涨至233.1美元/吨，创历史新高，涨幅高达192%。新冠肺炎疫情暴发后，生铁产量快速回升，2020年生铁产量8.89亿吨，创历史新高。2021年前5个月生铁产量累计同比增长5.4%。生铁产量快速增长带动了铁矿石需求，2020年铁矿石进口达到11.7亿吨的历史新高，2021年前5个月铁矿石进口量同比增长5.4%。此外，疫情冲击下海运价格持续上涨，巴西图巴朗–中国青岛的铁矿石运价从2020年2月底的12.6美元/吨涨至2021年5月初的31.6美元/吨，澳大利亚丹皮尔–中国青岛和澳大利亚杰拉尔顿–中国青岛的铁矿石运价从2020年2月的5.33美元/吨、13.16美元/吨，分别涨至2021年5月初的15.02美元/吨和28.85美元/吨。

四、有色金属

21世纪以来，国际有色金属价格经历了2001年11月至2006年5月、金融危机之后至2011年、2016年初至2018年中、2020年以来等四轮大幅上涨。国际有色金属价格大幅上涨，既有供需因素，也有美元汇率、资金投机等因素。

对于有色金属来说，供给相对稳定，需求是影响价格波动最重要的因素，因此有色金属价格与宏观经济运行密切相关，铜也被称为“铜博士”。

资金投机对有色金属价格波动产生显著的放大效应。此外，由于国际有色金属主要以美元定价，因此也受到美元汇率波动影响。

上述内容参见图4-22所示。

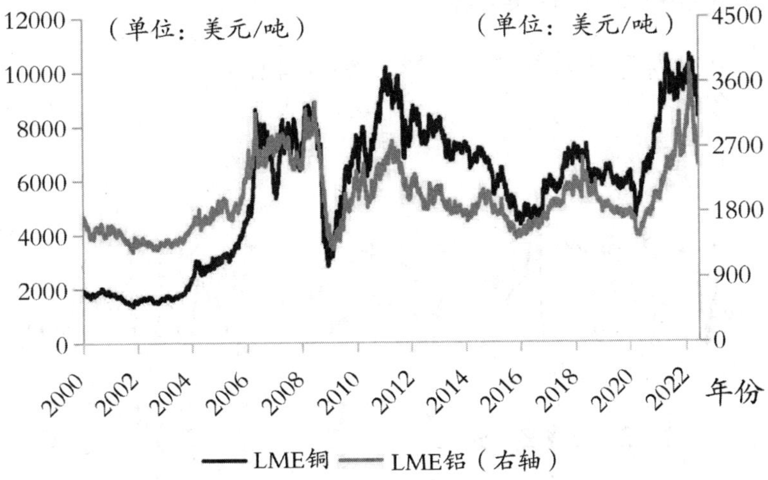

图4-22　2000年以来LME铜、铝期货价格走势

数据来源：LME（伦敦金属交易所）。

1. 2001年11月至2006年5月

LME铜、铝期货价格从1338.5美元/吨、1258.5美元/吨的低点涨至8615美元/吨、3180美元/吨，涨幅分别高达544%、153%，供需偏紧叠加美元贬值推动了本轮有色金属的价格上涨。

全球经济高速增长带动有色金属需求。2001年以来，美联储大幅降息，美欧经济快速反弹。与此同时，以我国为首的新兴市场国家崛起，推动全球经济复苏，全球GDP增速超过4%。全球经济快速发展带动铜、铝的消费量快速扩大，以铜为例，全球精炼铜的消费量从2001年的1495万吨上升至2006年的1703万吨，年化增长率达到2.6%。同时，全球精炼铜的产量从1564万吨上升至1729万吨，年增长率为2%，低于消费增速，供需总体偏紧。库存持续被动去化，全球精炼铜的库存从2001年的199万吨降至2006年的108万吨。

上述内容具体参见图4-23、图4-24所示。

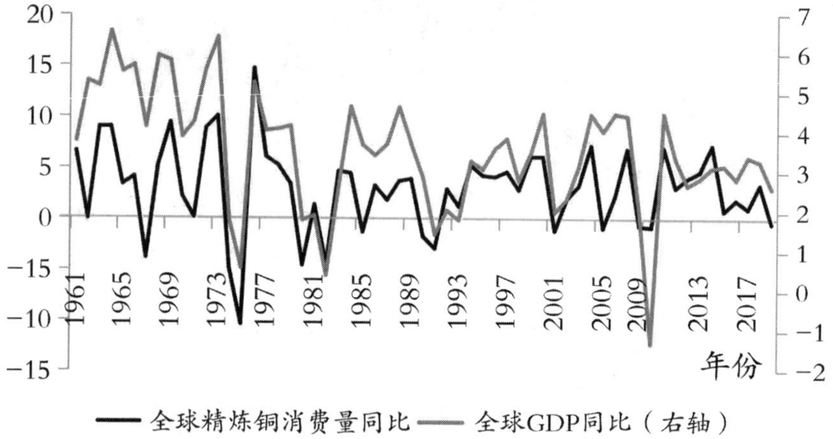

图4-23　全球精炼铜需求与GDP增速（%）

数据来源：世界银行、ICSG（中国有色金属网）。

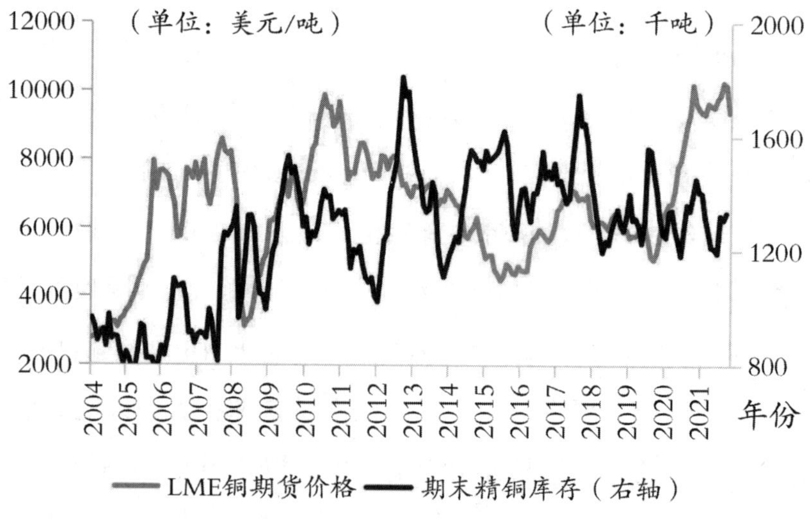

图4-24　全球铜期货价格与库存走势

数据来源：LME、ICSG。

美元大幅贬值。这一时期，美联储降息推动了美元汇率持续贬值，美元指数从117.33贬至86，贬值幅度达到26.7%。作为有色金属的定价货币，美元贬值推动了国际有色金属的价格上涨。

具体参见图4–25所示。

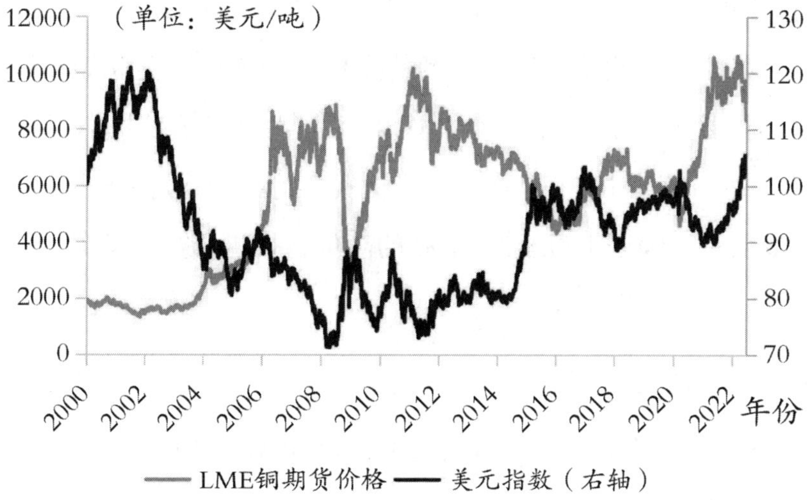

图4–25　LME铜期货价格与美元汇率走势

数据来源：LME。

2. 金融危机之后至2011年

LME铜期货从2008年12月的2827美元/吨涨至2011年2月的9465美元/吨，创此前历史新高，涨幅高达235%。LME铝期货价格从2009年3月的1466美元/吨涨至2787美元/吨，涨幅为90%，供需偏紧叠加资金投机炒作，推动了国际铜、铝价格上涨。

全球经济反弹带动有色金属需求快速增长。金融危机之后，美联储量化宽松推动了经济快速反弹。我国也采取了积极的财政政策和货币政策，固定资产投资高速增长，带动有色金属需求回升。全球精炼铜在2009—2011年的消费量分别为1789万吨、1914万吨和1970万吨，年增长5%。同时，全球精炼铜的产量分别为1825万吨、1899万吨和1960万吨。2010年和2011年的消费量均超过产量，供需缺口明显扩大。库存被动去化，全球精炼铜的库存从2009年的138万吨降至2011年的121万吨。

宽裕流动性使得期货市场的投机氛围浓厚。美联储多轮量化宽松释放了大量流动性，资金流入期货市场投机。以铜为例，这一时期纽约商业交易所投机资金持有的1号铜净多头合约数量从–27494张上升至32163张的高位，投机资金大量买入多头合约，推高了铜的期货价格。

3. 2016年初至2018年中

LME铜、铝期货价格从4325.5美元/吨、1449.5美元/吨的低点涨至7305.5美元/吨、2331美元/吨，涨幅分别高达544%、153%，需求快速回升以及投机行为，推动了本轮有色金属期货价格上涨。

全球经济复苏带动需求回升。2016年以来全球经济迎来新一轮复苏，当年2月摩根大通全球综合PMI降至接近荣枯线后持续反弹，2018年6月达到54.2的高点，全球经济复苏推动了铜、铝消费量回升。2016—2018年全球精炼铜的消费量分别为2349万吨、2371万吨、2448万吨。与此同时，全球精炼铜的产量分别为2336万吨、2355万吨、2406万吨，供需缺口持续扩大，2018年的供需缺口扩大至41.7万吨。

具体参见图4–26所示。

图4-26 铜期货价格与全球经济

数据来源：LME。

期货市场投机氛围浓厚。全球经济复苏带动了乐观预期，资金大量流入期货市场。以铜为例，纽约商业交易所投机资金持有的1号铜净多头合约数量从-43406张上升至70537张，投机资金大量买入多头合约，推高了铜的期货价格。

具体参见图4-27所示。

4. 新冠肺炎疫情暴发以来至2022年3月

LME铜、铝期货价格从4601美元/吨、1460美元/吨的低点涨至10600美元/吨、3265.5美元/吨，涨幅分别高达130%、124%。供需偏紧、投机行为以及地缘政治冲突，推动了本轮铜、铝期货价格上涨。

疫情冲击下供需错配。新冠肺炎疫情暴发后，美联储短期

图4–27　COMEX铜期货价格与投机合约净多头持仓数量

数据来源：COMEX（纽约商品交易所）、CFTC。

大幅降息并采取量化宽松政策，同时采取向居民发钱等积极财政政策。我国在国内疫情得到有效控制后逐步复工复产。全球经济回暖带动了铜消费，2020—2021年的全球精炼铜消费量分别为2496万吨、2526万吨，同比增长2.5%、1.2%。与此同时，南美智利、秘鲁等产铜大国的产量增长较为缓慢，2020—2021年的全球精炼铜产量分别为2455万吨、2483万吨，同比仅分别增长1.9%、1.1%。供需缺口持续扩大，2020年和2021年的精炼铜供需缺口分别扩大至41.5万吨和43.9万吨。库存处于低位，2021年的精炼铜库存为121万吨，创金融危机后新低。

美元泛滥下期货市场投机氛围浓厚。在美联储大规模量化宽松背景下，全球美元流动性泛滥，资金大量流入期货市场进行投机。以铜为例，纽约商业交易所投机资金持有的1号铜净多头合约数量从–45659张短期快速上升至80039张，投机资金大量布局多头，推高了铜的期货价格。

地缘政治冲突加剧了供应风险。俄罗斯是钯、镍、铝等有色金属的重要生产国，2021年的产量分别占全球37%、9%、5%，出口份额分别占全球26%、24%、13.1%。俄乌冲突爆发后，美国等国家对俄罗斯的制裁措施不断升级，包括贸易制裁、禁止俄罗斯几家主要银行使用SWIFT国际结算系统等，对有色金属市场造成了一定的供应风险。与此同时，俄乌地缘政治冲突引发了能源短缺、价格大幅上涨，导致欧洲电价中枢从过去40欧元/兆瓦时，提升到200欧元/兆瓦时，抬高了有色金属的冶炼成本。

第五章　大宗商品价格波动的传导影响研究

受新冠肺炎疫情、全球流动性宽松叠加地缘政治冲突等多重因素影响，造成大宗商品供需失衡加剧，价格大幅波动，多数品种的价格持续创下历史新高。大宗商品价格波动事关经济社会发展大局，在2021年底召开的中央经济工作会议上，习近平总书记深刻指出“对我们这样一个大国来说，保障好初级产品供给是一个重大的战略性问题”，李克强总理多次在国务院常务会议上强调要关注大宗商品价格波动的连带影响。在此背景下，本章旨在分析大宗商品价格波动对我国物价的传导影响，该问题的研究对于我国有效应对大宗商品价格波动的影响具有重要的政策涵义。

一、引　言

大宗商品具有周期性、结构性、金融性、敏感性等鲜明特征，因此价格波动幅度往往较大。我国是全球最重要的大宗商品生产国、消费国和贸易国，对主要大宗商品的需求和进口依存度持续攀升。以铁矿石为例，作为全球最大的铁矿石进口国，2019年我国铁矿石消耗量占全球的比重超过50%，进口依存度超过80%。2020年以来，受疫情导致的供需失衡、全球流动性宽松等多重因素影响，主要大宗商品的价格持续大幅上涨，路透CRB（即路透商品研究局指数）商品指数创历史新高，铜、铁矿石、钢材等大宗商品的价格创出历史新高，加剧了社会对通货膨胀的担忧。党中央、国务院高度重视，李克强总理多次强调要关注大宗商品价格波动及其连带影响。有观点认为，大宗商品价格上涨不会向消费者价格传导或者传导效应较小（林伯强、王锋，2009；吴周恒 等，2018），但同时也有观点认为会明显传导（王雪松，2007；谭小芬、邵涵，2019；冯明、刘阳阳，2017）。

2021年底的中央经济工作会议提出，“要正确认识初级产品供给保障和正确认识和把握防范化解重大风险”。那么，大宗商品价格上涨究竟会不会向我国物价传导，其传导影响有多大呢？这些问题的研究对我国实现精准有效的宏观调控和通胀治理具有重要的理论和现实意义。

上述内容具体参见图5-1所示。

图5-1 CRB指数创历史新高

目前文献中已有大宗商品价格波动传导效应的研究，根据研究方法的不同，大致可以分为如下三大类。

第一类文献主要运用向量自回归模型（VAR模型）等计量模型，来研究大宗商品价格波动的传导效应。Furlong and Ingenito（1996）采用向量自回归模型分析了美国大宗商品价格与消费物价的关系，发现20世纪70年代和80年代早期，大宗商品价格对美国CPI（消费者物价指数）产生明显传导，但是80年代以后传导效应明显弱化，主要原因是80年代后消费结构的变化。Clark（1995）、Hooker（2002）同样发现，在80年代之前，PPI（生产价格指数）和原油对CPI有显著影响，但是80年代之后影响逐渐减弱。尹力博和韩立岩（2012）基于FAVAR模型分析了大宗商品对我国PPI指数的影响，发现国际大宗商品的价格冲击是造成我国PPI指数变动的重要因素，而且其影响力度远大于国内宏观经济调整。龙少波等（2016）指出，国际大宗商品价格的大幅下降是2012年2月以来PPI下降的最重要原因。吴周恒等（2018）进一步考察了国际大宗商品价格向国内上下游价格的传导效应，发现1997—2017年国际大宗商品价格对国内上游价格的传导效应长期趋势稳定，而对下游价格的传导效应均接近于0值。

第二类文献主要采用可计算一般均衡模型（CGE模型）来研究大宗商品价格波动的传导效应。林伯强和牟敦国（2008）运用CGE模型研究了石油与煤炭价格上涨的影响，结果发现能源价格上涨对我国经济产生了紧缩效应，相同比例的价格上涨，煤炭的紧缩效应是石油的2～3倍。张希栋等（2016）构建了CGE模型来分析天然气产业的价格管制政策变动所产生的影响，结果表明提高天然气价格能够促进产业结构调整以及能源消费结构调整，进而降低经济主体对天然气的消费。同时，提高天然气价格会提升居民消费价格指数，降低了实际GDP。Zhang 等（2017）运用CGE模型分析了天然气价格对我国经济的影响，同样发现天然气价格上涨会提升CPI，同时降低产出水平。

第三类文献主要用投入产出模型来研究大宗商品价格波动的传导效应。近年来，由于投入产出模型在反映传导路径和产业间关联方面，与时间序列模型和可计算一般均衡模型相比具有明显优势，因此得到越来越多的应用。任泽平（2007）利用中国2002年122个部门的投入产出表，测算了原油价格变动的影响，发现我国物价水平已经变得越来越容易受到原油价格的影响，经济抵抗油价波动的能力越来越弱。王继源等（2015）认为，2014年下半年以来，国际石油价格出现了断崖式下跌，可能引发我国输入性通缩，并且利用投入产出价格影响模型定量测算发现，油价一次性下降50%将分别拉低CPI、PPI2.48个和5.30个百分点。施青等（2021）研究了能源价格波动对各行业价格水平的影响，发现能源价格波动10%对第二产业价格的影响最大，对第三产业的影响最小。由于传统的投入产出价格模型不能解决传导阻滞和传导时滞问题，林伯强和王锋（2009）运用投入产出价格影响模型，在能源价格不受管制和受管制这两种情景下，结果发现价格管制对能源价格向一般价格水平的传导具有一定的控制效果。

上述文献为本书提供了很多有意义的启示。但是仍然存在一些不足：首先，目前研究大宗商品对下游传导影响的文献主要还是使用传统的投入产出价格模型，未考虑传导阻滞的问题，可能会高估大宗商品价格上涨带来的影响。其次，文献研究主要集中于金融危机之前，而金融危机之后尤其是供给侧结构性改革之后我国产业发展出现了很多新形势新情况，一些研究结论不再适用。再次，现有文献对大宗商品价格波动的影响主要集中在实证层面，对传导路径的研究则相对较少。最后，现有文献主要集中于原油、煤炭等大宗能源商品，对钢铁、铜等黑色和有色金属以及农产品关注较少，但是近年来钢铁、铜等大宗商品的价格波动幅度明显扩大。本章将全面探讨主要大宗商品价格变动对我国价格水平的传导效应，并且首次基于产业链的视角，对大宗商品价格波动的传导路径进行分析。

考虑到大部分文献未考虑传导阻滞问题，因而会高估大宗商品价格波动的传导效应，因此本章采用了投入产出价格实际影响模型，对价格的潜在传导影响进行缩减，有效解决了传导阻滞问题。

同时，本章首次使用成本传导能力模型，从产业链的视角对大宗商品价格波动的传导路径进行了分析。

此外，本章对大宗商品的分析覆盖了农产品、原油、煤炭、黑色、有色金属，同时涵盖了更长的时间范围，可以更加准确全面地分析测算大宗商品价格波动的传导影响。

二、测算模型与数据

（一）测算模型

1. 成本传导能力模型

成本传导能力为各行业向下游转嫁成本上涨的能力。成本传导能力=价格实际涨幅/成本涨幅。根据投入产出模型，可得到j行业的成本传导能力为：

$$ct_j = \frac{\Delta p_j}{\sum_{i=1}^{n} a_{ij}\Delta p_i} \quad (1)$$

其中，ctj为行业j的传导能力，△pj为j行业的价格涨幅，aij为投入产出模型中的直接消耗系数。当成本上涨即分母大于0时，如果ctj>1，说明该行业不仅能够顺利向下游传导涨价的压力，还可以从中受益，传导较为顺畅。

如果ct_j近似为1，说明该行业基本能够向下游传导涨价的压力；如果$ct_j<1$，说明行业无法向下游传导成本涨价的压力，只

能内部消化。

2. 投入产出价格实际影响模型

传统的投入产出价格潜在影响模型不考虑需求影响，投入产出价格影响模型测算的价格影响是从成本推动的角度。

假设有n个部门，第n部门价格变动，其他n-1个部门的价格变化为第n部门价格变化产生的传导效应。根据投入产出关系，第j部门的价格变化为：

$$\Delta p_j = \sum_{i=1}^{n} a_{ij} \Delta p_i \tag{2}$$

其中，△pj为j行业的价格涨幅，aij为投入产出模型中的直接消耗系数。经过移项后，得到：

$$\begin{bmatrix} a_{n1} \\ a_{n2} \\ \vdots \\ a_{n,n-1} \end{bmatrix} \Delta p_n = \left[(I - A_{n-1})^{-1} \right]^T \begin{bmatrix} \Delta p_1 \\ \Delta p_2 \\ \vdots \\ \Delta p_{n-1} \end{bmatrix} \tag{3}$$

其中，An-1为直接消耗系数矩阵去掉第n行和第n列后的剩余矩阵，进一步求解后，即可得到：

$$\begin{bmatrix} \Delta p_1 \\ \Delta p_2 \\ \vdots \\ \Delta p_{n-1} \end{bmatrix} = \begin{bmatrix} \frac{b_{n1}}{b_{nn}} \\ \frac{b_{n2}}{b_{nn}} \\ \vdots \\ \frac{b_{n,n-1}}{b_{nn}} \end{bmatrix} \Delta p_n \tag{4}$$

其中，bn1为列昂惕夫逆矩阵（I-A）-1中的第n行元素。根据公式（4）可以解得，当大宗商品价格变化△pj时，对其他行业价格的潜在影响。

传统投入产出价格潜在影响模型不考虑价格传导的阻滞问题，价格的影响效应在模型中是沿着产业链条完全传导出去的（刘起运，任泽平，2006）。但是在现实中，市场竞争、政府价格管制等因素均会影响价格传导，因此价格传导是受到阻滞的。引入成本传导能力模型，对价格变动的潜在影响进行缩减，即可解决传导阻滞的问题（任泽平，2010）。

考虑到传导阻滞的因素，传导幅度由该行业的成本能力ct_j决定，则第j行业的产品价格涨幅为$\triangle p_j a_{ij} ct_j$。结合公式（3）、公式（4），可以得到第n部门的价格变动对其他部门的影响为：

$$\begin{bmatrix} \Delta p_1 \\ \Delta p_2 \\ \vdots \\ \Delta p_{n-1} \end{bmatrix} = \begin{bmatrix} \dfrac{c_{n1}}{c_{nn}} \\ \dfrac{c_{n2}}{c_{nn}} \\ \vdots \\ \dfrac{c_{n,n-1}}{c_{nn}} \end{bmatrix} \Delta p_n \qquad (5)$$

其中，cn1为投入产出逆系数矩阵（I–A・CT）–1中的第n行元素，CT为各行业成本传导能力系数的对角矩阵。

根据公式（5）可以解得，当大宗商品价格变化$\triangle p_j$时，对其他行业价格的实际影响。将所有部门的产品价格变化加权相加，即可得到价格指数的变化：

$$\Delta PI = \sum_{i=1}^{n} q_i \Delta p_i \qquad (6)$$

其中，qi为价格指数权重。

本章价格指数主要分析CPI和PPI，各行业对应的权重分别为居民消费比重和工业总产出比重。

（二）数据来源

本章研究使用的数据主要来自国家统计局公布的2007年135个部门、2012年139个部门和2017年149个部门的投入产出表。

综合考虑时间维度、数据权威性等因素，农产品价格数据采用原农业部（现农业农村部）公布的农产品批发价格指数，工业行业价格数据采用国家统计局公布的工业行业生产者出厂价格指数，服务价格数据采用国家统计局公布的服务业价格平减指数，劳动力成本采用国家统计局公布的城镇单位就业人员平均工资。

由于各年度投入产出表的行业划分不完全一致，以及投入产出表的行业与国家统计局的国民经济行业分类标准不一致，因此本章将行业依据分类标准进行了统一，以国家统计局的国民经济行业分类标准为标准，将各年度投入产出表的行业进行合并处理。

三、行业成本传导能力分析

成本传导能力是大宗商品价格波动能否向下游传导的关键，因此本章首先基于成本传导能力模型来分析我国各行业的成本传导能力。

（一）影响因素

行业成本传导能力主要受市场供求、行业集中度、政府价格管制、技术进步、替代弹性等因素影响。考虑到技术进步、行业集中度等因素变化较慢，是影响传导能力的长期因素，市场供求因素变化较快，是影响传导能力的短期因素，政府价格管制和替代弹性则是由行业的本质属性决定。

需求较好时，传导能力较强。当需求状况较好时，供需偏紧使得行业的议价能力明显增强，生产成本上涨时向下游的传导能力较强。当行业需求较弱时，面临成本上涨，企业担心提高价格会丢失市场份额，因此涨价意愿往往不强，传导能力较弱。国际金融危机以后，全球经济复苏乏力、需求偏弱是价格水平处于低位的主要原因（汤铎铎，2019）。

市场集中度越高的行业，其价格传导能力越强。行业成本上涨能否向下游传导取决于上下游市场势力的相对强弱，当行业市场集中度明显高于下游行业时，意味着市场势力较强，对下游行业的议价能力高，成本上涨时能够向下游传导。

政府价格管制能够弱化价格波动的传导能力。政府一般会对处于自然垄断行业或者公用事业实行价格管制，当成本大幅上涨时，该行业难以将成本上涨完全向下游传导。

替代弹性越低的行业，其价格传导能力越强。当行业产品替代弹性越低，需求的价格弹性就越高，该行业产品的需求刚性越强，因此议价能力也越强，成本上涨时能够向下游传导。

技术进步相对较快的行业能够内部消化成本上涨。技术变革可以显著提高生产效率，同时技术的相对价格下降也会降低各行业的生产成本。

（二）测算分析

1. 基于上中下游行业的视角

基于成本传导能力模型的测算结果（参见表5-1所示），可以发现上中游行业的成本传导能力较强，下游制造业的成本传导能力普遍较弱。

成本传导能力较强的行业主要有煤炭开采和洗选业、黑色金属矿采选业、有色金属矿采选业，以及石油、煤炭及其他燃料加工业等，这些行业属于上游大宗商品原材料行业。

成本传导能力很强的行业主要有黑色金属冶炼及压延加工业、有色金属冶炼及压延加工业、非金属矿物制品业、农副食品加工业等，这些行业的共同特点都是中游加工行业。

成本传导能力一般的行业主要包括橡胶与塑料制品业、金属制品业、造纸及纸制品业、化学原料及化学制品制造业、医药制造业、饮料制造业、纺织业、食品制造业，以及纺织服装、鞋、帽制造业等中下游制造行业。

成本传导能力较弱的行业主要包括通信设备、计算机及其他电子设备制造业，以及化学纤维制造业、交通运输设备制造业、电气机械及器材制造业、仪器仪表制造业、通用设备制造业、专用设备制造业等，这些行业主要是下游制造业行业。

表5-1　我国主要行业成本传导能力

行业	国际金融危机之前	国际金融危机之后
农业	0.70	0.45
煤炭开采和洗选业	2.04	0.95
石油和天然气开采业	4.47	1.76
黑色金属矿采选业	2.72	1.09
有色金属矿采选业	2.24	1.49
非金属矿采选业	0.99	0.88
农副食品加工业	1.11	0.67
食品制造业	0.47	0.58
饮料制造业	0.21	0.44
烟草制品业	0.22	0.66
纺织业	0.45	0.44
纺织服装、鞋、帽制造业	0.19	0.36
皮革、毛皮、羽毛及其制品和制鞋业	0.32	0.44
木材加工及木、竹、藤、棕、草制品业	0.47	0.38
家具制造业	0.34	0.40
造纸及纸制品业	0.35	0.35
印刷业和记录媒介的复制	–0.08	0.11
文教、工美、体育和娱乐用品制造业	0.40	0.57
石油、煤炭及其他燃料加工业	1.08	1.04
化学原料及化学制品制造业	0.94	0.42
医药制造业	0.10	0.43
化学纤维制造业	0.56	–0.54
橡胶与塑料制品业	0.60	0.24
非金属矿物制品业	0.46	0.67

（续表）

行业	国际金融危机之前	国际金融危机之后
黑色金属冶炼及压延加工业	1.11	0.84
有色金属冶炼及压延加工业	1.32	0.86
金属制品业	0.58	0.34
通用设备制造业	0.36	0.06
专用设备制造业	0.31	0.13
交通运输设备制造业	–0.21	–0.53
电气机械及器材制造业	0.52	0.08
通信设备、计算机及其他电子设备制造业	–18.17	–0.31
仪器仪表制造业	–0.47	–2.66
其他制造业	0.87	–0.17
废弃资源综合利用业	5.25	0.73
电力、热力的生产和供应业	0.50	0.84
燃气生产和供应业	0.37	0.48
水的生产和供应业	0.87	0.02

上下游行业成本传导能力差异的主要原因是上下游行业市场竞争格局和替代弹性的差异。上游行业大多属于资本密集型行业，叠加资源能源行业受到了政府规制，进入壁垒更高，因此上游行业的市场集中度相对较高。基于中国工业企业数据库和投入产出表的测算结果发现，上游行业的市场集中度是下游行业的三倍多（吕云龙、吕越，2018），上游行业的市场势力更强。同时，上游行业作为基础原材料行业，产品替代弹性较小，而下游行业的产品种类较多，替代弹性高，因此上游行业的成本传导能力更强。

此外，计算机电子设备、交通运输设备等高新技术产业由于技术进步相对较快，可以内部消化成本上涨，因此成本传导能力相对较低。

2. 基于历史比较的视角

国际金融危机之后，石油和天然气开采业、黑色金属矿采选业、有色金属矿采选业、化学原料及化学制品制造业、煤炭开采和洗选业，以及黑色金属、有色金属冶炼及压延加工业等上中游行业的成本传导能力大幅下降。受新冠肺炎疫情冲击，这些上游行业的成本传导能力再次明显回升，部分行业如黑色金属、有色金属冶炼及压延加工业已经超过国际金融危机之前。通用设备、专用设备、交通运输设备、计算机电子、仪器仪表等下游行业的成本传导能力下降，疫情之后进一步下行。

国际金融危机之后，我国一揽子经济刺激政策造成投资过度，形成巨大产能，而总需求疲弱，导致产能过剩问题逐步显现，尤其是上游行业的产能过剩问题更为突出，因此成本传导能力降幅更明显。

而在新冠肺炎疫情冲击后，各国防疫政策进度不同，部分资源供给国的疫情防控仍相对困难、疫苗接种率低，生产供给迟迟不能修复，叠加我国国内钢铁等高耗能、高碳排放量行业的去产能“回头看”，面临减产，上中游行业的成本传导能力明显回升，而总需求不足则使得下游行业的成本传导能力进一步小幅下降。

3. 基于不同大宗商品产业链传导的视角

农产品产业链的传导路径为：农产品→农副食品加工业→食品制造业、饮料烟草制造业→居民消费。综合来看，上中下游的成本传导能力都较高，产业链传导较为顺畅，因此农产品价格上涨能够很顺畅地传导至居民消费。农产品产业链条相对较短，相关产品基本都是居民生活必需品，需求的价格弹性较低，产业链的议价能力较强，因此传导较为顺畅。

煤电产业链的传导路径为：煤炭→电力→各领域。煤炭行业的成本传导能力较强。煤炭是电力行业的主要成本，但是由于受到政府价格管制，电力行业的成本传导能力几乎为0，即煤炭价格上涨时，电力行业的价格几乎难以同步上涨。

黑色金属和有色金属产业链的传导路径主要是：黑色、有色金属矿→黑色、有色金属冶炼和加工业→下游制造业→投资、消费。上游的黑色金属矿和有色金属矿，以及中游的黑色金属、有色金属冶炼及压延加工业的成本传导能力较强，但是下游的通用设备、电气机械及器材制造、交通运输设备、计算机、专用设备、铁路等运输设备制造、仪器仪表制造等行业的成本传导能力较弱，价格几乎没有跟随上游的大宗原材料成本上涨而上升。黑色、有色金属的产业链条相对较长，下游行业的竞争程度和需求的价格弹性较高，产业链的议价能力较弱，因此产业链传导不是很顺畅。

石化产业链主要存在两条传导路径。第一条传导路径是原油→石油、煤炭及其他燃料加工业→化学原料及化学制品制造业→化学纤维制造业、橡胶与塑料制品业→纺织业、设备制造业等→消费、投资。这一条传导路径中，原油、石油、煤炭及其他燃料加工业、化学原料及化学制品制造业等上中游行业的成本传导能力较强，但是下游的化学纤维制造业、橡胶与塑料制品业、纺织业、设备制造业等行业的成本传导能力明显较弱，这一条传导路径不是很顺畅。第二条传导路径是原油→石油、煤炭及其他燃料加工业→交通运输、居民消费等。这一条传导路径相对顺畅，上中下游的行业成本传导能力都较强。该传导路径相对较短，成品油的需求具有刚性，价格的市场化程度不断提升，因此传导较为顺畅。由于原油的对外依存度高达80%，因此当国际原油价格上涨时，会给我国带来明显的输入性通胀压力。

上述内容具体参见图5-2所示。

四、大宗商品价格波动对我国物价水平的影响分析

本小节将基于投入产出价格实际影响模型来分析大宗商品价格波动对我国物价水平的传导影响。

（一）大宗商品价格波动对总体物价的影响

从主要物价指数来看，农产品、煤炭、原油、黑色金属、有色金属价格上涨10%，将分别导致CPI上涨1.33%、0.06%、0.16%、0.04%、0.09%，PPI上涨0.36%、0.47%、0.50%、0.86%、0.80%。因此，主要大宗商品价格波动对CPI的影响大

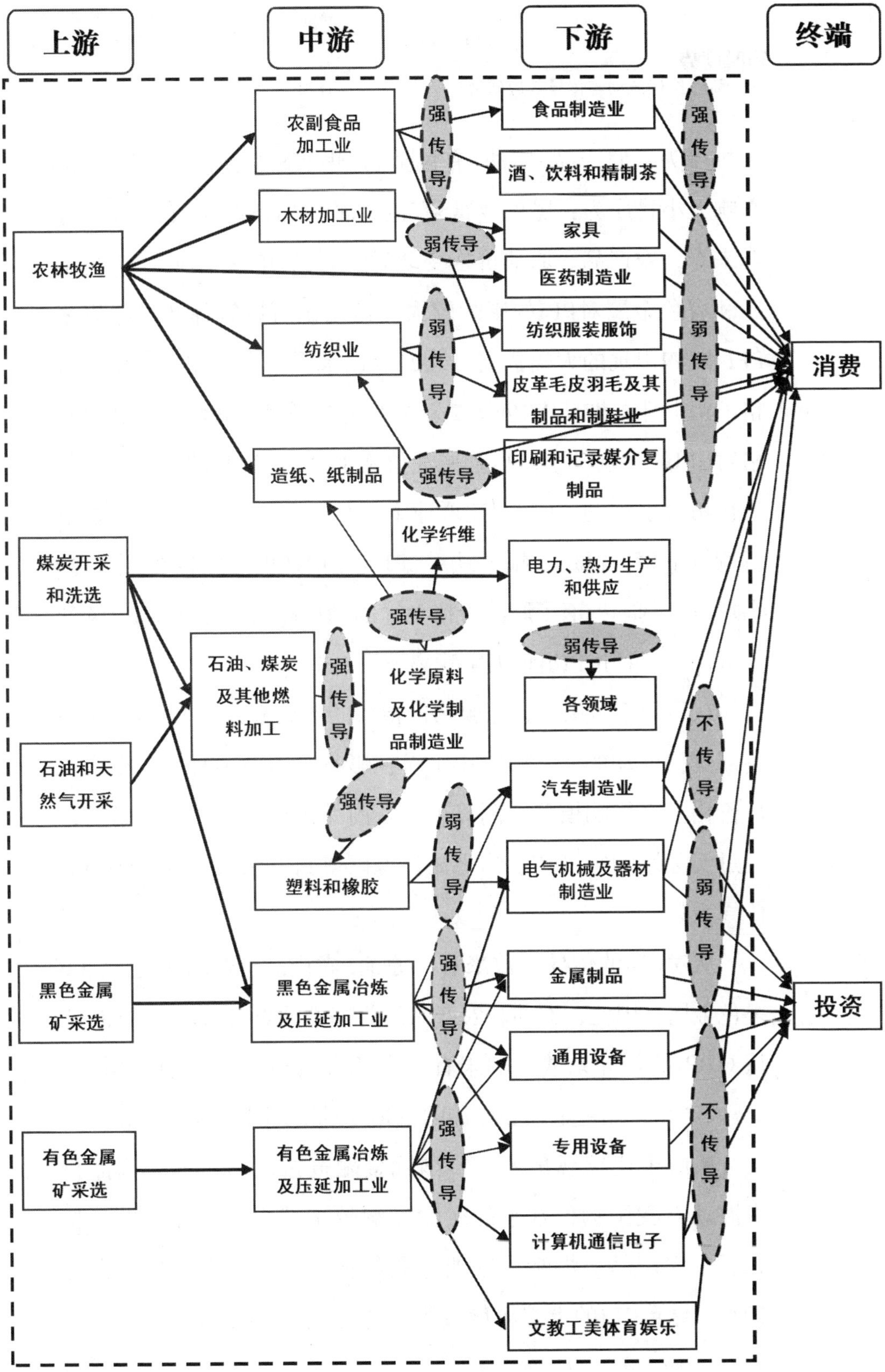

图5-2　不同大宗商品上中下游产业链的传导路径

小排序为：农产品>原油>有色金属>煤炭>黑色金属，对PPI的影响大小排序为：黑色金属>有色金属>原油>煤炭>农产品。综合来看，农产品、原油价格变动对CPI的影响大于PPI，黑色金属和有色金属对PPI的影响较大。该结论可以解释2021年以来PPI和CPI出现的大幅背离，2021年以来黑色金属和有色金属价格大幅上涨，推动PPI创历史新高，但是黑色金属和有色金属价格对CPI的影响较小，尽管原油价格上涨对CPI有助推作用，原油价格上涨拉动了CPI同比增速上行1个百分点，但是猪周期下行背景下猪肉价格大幅下跌对CPI同比增速的影响也在1个百分点左右，基本抵消了原油价格上涨的助推影响，导致CPI持续处于低位，PPI与CPI出现大幅背离。

从传导系数来看，主要物价指数的传导系数均小于1，大宗商品价格波动的实际影响小于潜在影响。本章同时基于投入产出价格潜在影响模型，测算了大宗商品价格波动的潜在影响，通过实际影响与潜在影响之比，可以得到大宗商品价格波动的传导系数。

从对CPI的传导系数来看，原油>农产品>煤炭>有色金属>黑色金属，因此，原油和农产品的价格波动更容易传导至CPI。从对PPI的传导系数影响来看，黑色金属>原油>有色金属>煤炭>农产品，黑色金属和原油的价格变动更容易传导至PPI。

从历史比较视角来看，国际金融危机之后，大宗商品价格波动对我国物价水平的实际影响越来越小。国际金融危机之后，农产品、煤炭、原油、黑色金属、有色金属价格上涨10%，导致CPI的上涨幅度较国际金融危机前分别下降0.6%、

0.08%、0.14%、0.11%、0.04%，PPI的上涨幅度较国际金融危机前分别下降0.12%、0.05%、0.39%、0.43%、-0.02%。考虑到实际影响=潜在影响×价格传导指数，进一步分解，可以得到△实际影响=△潜在影响+△价格传导指数，潜在影响的变化更多反映结构变化，价格传导指数的变化更多反映成本传导能力的变化。

对大宗商品价格波动对我国物价水平的实际影响进一步分解后，发现农产品、煤炭、有色金属对物价水平的实际影响下降主要是成本传导能力的下降，原油、黑色金属对物价水平实际影响下降的主要原因是消费结构和工业产出结构发生了变化。

上述内容具体参见表5-2所示。

表5-2　大宗商品价格上涨10%对主要物价指数的潜在影响和实际影响

潜在影响										
指数	国际金融危机之前					国际金融危机之后				
	农产品	煤炭	原油	黑色金属	有色金属	农产品	煤炭	原油	黑色金属	有色金属
CPI	2.60	0.31	0.55	0.38	0.34	2.50	0.21	0.29	0.16	0.34
PPI	0.97	0.75	1.19	1.64	1.07	1.30	0.83	0.73	1.20	1.39
实际影响										
指数	国际金融危机之前					国际金融危机之后				
	农产品	煤炭	原油	黑色金属	有色金属	农产品	煤炭	原油	黑色金属	有色金属
CPI	1.93	0.14	0.30	0.15	0.13	1.33	0.06	0.16	0.04	0.09
PPI	0.48	0.52	0.89	1.29	0.78	0.36	0.47	0.50	0.86	0.80

（续表）

指数	价格传导系数[①] 国际金融危机之前					国际金融危机之后				
	农产品	煤炭	原油	黑色金属	有色金属	农产品	煤炭	原油	黑色金属	有色金属
CPI	0.74	0.45	0.55	0.39	0.38	0.53	0.29	0.55	0.25	0.26
PPI	0.49	0.69	0.75	0.79	0.73	0.28	0.57	0.68	0.72	0.58

①价格传导系数=实际影响/潜在影响。

（二）大宗商品价格波动对各行业的影响

农产品价格波动影响较大的行业主要是农副食品加工业、食品制造业，以及酒、饮料和精制茶制造业和纺织业等，这些行业均是以农产品为主要原材料的行业，农产品价格上涨10%，这些行业的价格变化在1%以上。对石油和天然气开采产业、通信和其他电子设备制造业等行业的影响较小。

煤炭价格波动影响较大的行业主要是电力、热力生产和供应业，石油、煤炭及其他燃料加工业，非金属矿物制品业，黑色金属冶炼及压延加工业等，这些行业均以煤炭为主要原材料，农产品价格上涨10%，这些行业的价格变化在0.5%以上。对房地产业、烟草制品业、批发和零售业、金融业、住宿餐饮业等行业的影响较小。

原油价格波动影响较大的行业主要是石油、煤炭及其他燃料加工业，燃气生产和供应，化学原料及化学制品制造业，黑色金属冶炼及压延加工业，交通运输、仓储和邮政业。这些行业均以原油为主要原材料，其中，原油价格上涨10%，石油、煤炭及其他燃料加工业，燃气生产和供应业的价格变化在5%左右，影响较大。对烟草制品业，房地产业，计算机、通信和其他电子设备制造业，农副食品加工业等行业的影响较小。

黑色金属价格波动影响较大的行业主要是金属制品，建筑业，通用设备制造业，专用设备制造业，铁路、船舶、航空航天和其他运输设备制造业。这些行业均以钢铁为主要原材料，其中，原油价格上涨10%，金属制品业、建筑业的价格变化在1%以上。对烟草制品业、批发和零售业、农业、纺织业等行业的影响较小。

有色金属价格波动影响较大的行业主要是电气机械及器材制造业，金属制品业，金属制品、机械和设备修理服务业，文教、工美、体育和娱乐用品制造业，其他制造业。这些行业均以铜、铝等有色金属为主要原材料，有色金属价格上涨10%，这些行业的价格上涨均在1%以上。对烟草制品业、农副食品加工业、批发和零售业等行业的影响较小。

综合来看，大宗商品的价格波动影响较大的行业主要集中在上中游行业，即大宗商品价格上涨会带动上中游行业的价格上涨，对下游的制造业和服务业的影响较小。上中游行业的成本传导能力较强，能够将成本上涨向下游传导，但是下游制造业的行业成本传导能力普遍较弱，难以将成本上涨传导至需求终端。下游服务业行业尽管成本传导能力较强，但是对大宗商品的依赖程度较低，即大宗商品成本占服务业总成本的比重较小，因此大宗商品价格波动对下游的服务业的影响相对较小。

上述内容参见表5–3所示。

表5-3 大宗商品价格上涨1%对各行业的影响

行业	农产品	煤炭	原油	黑色金属	有色金属
农业	—	0.0024	0.0064	0.0007	0.0006
煤炭开采和洗选业	0.0028	—	0.0064	0.0268	0.0020
石油和天然气开采业	0.0009	0.0026	—	0.0106	0.0006
黑色金属矿采选业	0.0018	0.0137	0.0346	0.0093	0.0016
有色金属矿采选业	0.0026	0.0173	0.0409	0.0077	0.0107
非金属矿采选业	0.0024	0.0245	0.0387	0.0067	0.0022
农副食品加工业	0.2757	0.0042	0.0038	0.0008	0.0004
食品制造业	0.1482	0.0043	0.0045	0.0014	0.0008
饮料制造业	0.1091	0.0068	0.0051	0.0017	0.0016
烟草制品业	0.0386	0.0009	0.0016	0.0003	0.0003
纺织业	0.1080	0.0067	0.0040	0.0011	0.0008
纺织服装、鞋、帽制造业	0.0277	0.0032	0.0043	0.0007	0.0007
皮革、毛皮、羽毛及其制品和制鞋业	0.0434	0.0050	0.0060	0.0019	0.0015
木材加工及木、竹、藤、棕、草制品业	0.0850	0.0056	0.0087	0.0023	0.0025
家具制造业	0.0277	0.0042	0.0075	0.0199	0.0082
造纸及纸制品业	0.0457	0.0265	0.0082	0.0019	0.0022
印刷业和记录媒介的复制	0.0079	0.0057	0.0060	0.0015	0.0100
文教、工美、体育和娱乐用品制造业	0.0210	0.0063	0.0109	0.0115	0.1139
石油、煤炭及其他燃料加工业	0.0014	0.0722	0.5241	0.0077	0.0009
化学原料及化学制品制造业	0.0123	0.0418	0.0766	0.0035	0.0128
医药制造业	0.0755	0.0048	0.0061	0.0011	0.0017

（续表）

行业	农产品	煤炭	原油	黑色金属	有色金属
化学纤维制造业	0.0059	0.0311	0.0485	0.0020	0.0019
橡胶与塑料制品业	0.0144	0.0096	0.0198	0.0056	0.0079
非金属矿物制品业	0.0027	0.0721	0.0305	0.0215	0.0127
黑色金属冶炼及压延加工业	0.0019	0.0575	0.0509	—	0.0148
有色金属冶炼及压延加工业	0.0020	0.0200	0.0279	0.0115	—
金属制品业	0.0025	0.0160	0.0206	0.2213	0.1383
通用设备制造业	0.0019	0.0068	0.0103	0.0751	0.0934
专用设备制造业	0.0022	0.0063	0.0094	0.0685	0.0470
交通运输设备制造业	0.0016	0.0040	0.0064	0.0370	0.0642
电气机械及器材制造业	0.0019	0.0050	0.0090	0.0573	0.0594
通信设备、计算机及其他电子设备制造业	0.0021	0.0076	0.0103	0.0302	0.2472
仪器仪表制造业	0.0014	0.0020	0.0033	0.0040	0.0372
其他制造业	0.0019	0.0040	0.0058	0.0240	0.0347
废弃资源综合利用业	0.0358	0.0077	0.0126	0.0151	0.1132
电力、热力的生产和供应业	0.0005	0.0010	0.0023	0.0011	0.0038
燃气生产和供应业	0.0018	0.0076	0.0132	0.0407	0.1211
水的生产和供应业	0.0015	0.1605	0.0224	0.0056	0.0012
农业	0.0015	0.0353	0.4692	0.0082	0.0009
煤炭开采和洗选业	0.0028	0.0026	0.0052	0.0041	0.0027
建筑业	0.0077	0.0169	0.0201	0.1113	0.0142
批发和零售业	0.0022	0.0010	0.0047	0.0007	0.0006
交通运输、仓储和邮政业	0.0032	0.0070	0.0492	0.0020	0.0011
住宿和餐饮业	0.0894	0.0020	0.0055	0.0009	0.0008

（续表）

行业	农产品	煤炭	原油	黑色金属	有色金属
金融业	0.0050	0.0011	0.0045	0.0011	0.0019
房地产	0.0020	0.0008	0.0030	0.0015	0.0009
其他服务业	0.0105	0.0029	0.0114	0.0025	0.0029

（三）大宗商品价格传导效应的深层次影响

综合以上结论，笔者认为大宗商品价格波动的传导效应，可能给我国宏观经济、中观产业、微观企业这三个层面带来深层次影响。

在宏观经济层面，原油等大宗商品的国内外价格联动性较强，其价格上涨会通过进口渠道沿产业链向下游传导，给我国带来输入性通胀风险，抬高居民部门的生活成本和企业部门的生产成本，恶化对外贸易条件，进一步来说，可能冲击我国宏观经济安全运行。

在中观产业层面，作为制造业基础原材料的上游大宗商品，部分定价权被西方发达国家和跨国公司掌控，我国制造业处于相对弱势地位，在世界正经历百年未有之大变局的背景下，国际环境的不稳定性不确定性明显增强，我国部分大宗商品的对外依存度较高，可能使得产业链供应链稳定的风险加大。

在微观企业层面，我国制造业企业总体上定价能力弱，而上游部分大宗商品定价权缺失，当大宗商品价格上涨时，下游企业尤其是中小企业很难将价格进一步向投资或消费终端传导，盈利空间被挤压，可能影响企业的生存能力和创新动力。

五、研究结论与政策建议

1. 研究结论

本章基于成本传导能力模型和投入产出价格模型，分析了大宗商品价格波动的传导效应，主要研究结论如下。

（1）上中游行业的成本传导能力较强，下游制造业的成本传导能力较弱，主要原因是上游行业的市场集中度较高，并且上游产品的替代弹性较小。因此从传导路径来看，当大宗商品价格波动时，上中游行业向下游的传导较为顺畅，但是下游行业很难进一步向消费或者投资终端传导。

（2）农产品产业链“农产品→农副食品加工业→食品制造业、饮料烟草制造业→居民消费”、原油产业链“原油→石油、煤炭及其他燃料加工业→交通运输、居民消费”的价格传导更为顺畅，煤电产业链“煤炭→电力→各领域”、黑色有色金属产业链“黑色、有色金属矿→黑色、有色金属冶炼和加工业→下游制造业→投资、消费”的传导不是很顺畅。

（3）农产品、煤炭、原油、黑色金属、有色金属价格上涨10%，分别推动CPI上涨1.33%、0.06%、0.16%、0.04%、0.09%，分别推动PPI上涨0.36%、0.47%、0.50%、0.86%、0.80%，可见，农产品、原油价格变动对CPI的影响较大，黑色金属和有色金属对PPI的影响较大。大宗商品价格波动影响较大的行业主要集中在上中游行业，即大宗商品价格上涨会带动上中游行业的价格上涨，对下游制造业和服务业的影响较小。

（4）国际金融危机之后，大宗商品价格波动对我国物价水平的影响减小，农产品、煤炭、原油、黑色金属、有色金属价格上涨10%，导致CPI的上涨幅度较国际金融危机前分别下降0.6%、0.08%、0.14%、0.11%、0.04%，PPI的上涨幅度较国际金融危机前分别下降0.12%、0.05%、0.39%、0.43%、-0.02%。对大宗商品价格波动对我国物价水平的实际影响进一步分解后，可以发现农产品、煤炭、有色金属对物价水平的实际影响下降主要是成本传导能力下降，原油、黑色金属对物价水平的实际影响下降的主要原因是消费结构和工业产出结构发生了变化。

（5）对于黑色金属、有色金属、煤炭等向下游传导受阻的大宗商品，其价格上涨时，产业链下游的企业尤其是中小微企业很难将价格进一步向投资或消费终端传导，中小微企业的盈利空间被严重挤压，因此当黑色金属、有色金属、煤炭价格波动时，需重点关注产业链下游的中小微企业经营情况；对于原油、农产品等向下游传导较为顺畅的大宗商品，其价格上涨沿产业链向下游传导，给我国带来通胀压力，因此当原油、农产品价格波动，需重点关注产业链传导所带来的通胀压力。

2. 政策建议

（1）对于黑色金属、有色金属、煤炭价格波动，需重点关注产业链下游的中小微企业的经营情况。针对黑色金属、有色金属、煤炭等向下游传导不太顺畅的大宗商品，其价格上涨时，产业链下游的企业尤其是中小微企业很难将价格进一步向投资或消费终端传导，中小微企业盈利空间被挤压。

因此，当黑色金属、有色金属、煤炭价格大幅上涨时，建议加大对黑色金属、有色金属、煤炭产业链下游中小微企业的扶持。给予下游中小微企业专项资金支持，帮助其应对原材料价格上涨压力；推动期货公司为下游中小微企业提供风险管理服务，助力中小微企业运用期货套期保值工具来应对原材料价格的大幅波动风险；支持行业协会、大型企业搭建重点行业产业链的供需对接平台，加强原材料保供对接服务，用市场化办法引导供应链上下游稳定原材料供应和产销配套协作；加大对下游中小微企业的金融支持力度，引导扩大信用贷款、首贷、中长期贷款、无还本续贷业务规模。同时，需加大黑色金属、有色金属、煤炭的保供稳价力度。

短期来看，要正确处理发展、环保、安全等多重目标之间的关系，加强多部门协同配合，避免出现“合成谬误”和“分解谬误”；在特定阶段适度通过关税调节等政策工具来抑制钢铁等出口，优先保障国内供给；加强煤炭产能储备，在煤炭消费集散地、铁路运输枢纽和重点港口布局建设一批煤炭储备基地，加强企业商业储备政策支持力度，积极发挥进出口的调节作用，完善储备吞吐机制，发挥好储备对于保障供应和稳定价格的关键作用。

中长期来看，立足以煤为主的基本国情，抓好煤炭清洁高效利用，增加新能源消纳能力，推动煤炭和新能源优化组合；加大我国商品期货市场开放力度，完善期货市场监管体系，吸引更多境外投资机构深度参与国内期货市场交易，同时争取大宗商品贸易结算以人民币定价，提升国际定价权。

（2）对于原油、农产品价格波动，需重点关注产业链传导所带来的通胀压力。针对原油、农产品等向下游传导较为顺畅的大宗商品，其价格上涨沿产业链向下游传导，给我国带来通胀压力，尤其是原油的对外依存度过高，价格上涨会给我国带来输入性通胀。从历史经验来看，原油或者农产品价格大幅上涨时往往会推动CPI快速上行。

因此，当原油、农产品价格大幅上涨时，建议保持宏观调控政策稳定，及时引导社会预期，避免通胀预期发酵，从而引发全面通胀。同时，适时向消费端进行补贴。健全社保标准与物价联动机制，适时及时启动发放价格临时补贴，有条件地区适当扩大补贴范围和补贴标准，确保低收入群体的生活质量和水平不下降。

此外，加大原油、农产品的供给保障力度，保持价格合理稳定。充分利用国内外两个市场两种资源，加强国际能源资源合作，鼓励有条件的大型企业，通过合资、参股、控股等方式在全球建立稳定的矿产、农产品供给基地；组建农产品采购联盟，加快培育具有全球竞争力的国际农产品供应链服务企业；加快油气等资源先进开采技术的开发应用，加大矿产资源勘察开发力度，实施新一轮“找矿突破”战略行动，增强国内供给；大力实施大豆和油料的产能提升工程，提高油料、大豆的产能和自给率。

第六章 国际大宗商品价格波动与输入性通胀

输入性通胀在开放条件下是绕不开的重要问题，如何应对是政府调控的重点也是难点之一。新冠肺炎疫情暴发以来，国际大宗商品价格大幅上涨，引起了各界对输入性通胀的关注和讨论。

本章分析了输入性通胀的内涵、传导渠道以及我国历次通胀上行中的输入性因素，发现输入性通胀对我国的影响在下降，并且主要表现为国际大宗商品价格上涨所带来的输入性通货膨胀。

尽管人民币汇率弹性增强有助于缓解输入性通胀，但是美元外溢风险和主要大宗商品对外依赖度高、定价权缺失使得未来一段时期我国仍面临输入性通胀的风险。

从国际经验来看，输入性通胀往往会使经济陷入“滞涨”或者“类滞胀”局面，宏观经济政策面临困境。

应对输入性通胀需采取短期和中长期相结合的措施。短期来说，要保持宏观调控政策稳定、全力做好大宗商品保供稳价、持续增强人民币汇率弹性；中长期来说，需稳步推进人民币国际化、提升国际大宗商品定价权。

新冠肺炎疫情暴发以来，国际大宗商品价格大幅上涨，主要经济体的通胀水平持续上行，中、美等主要经济体的工业生产者价格指数均创历史新高。中国人民银行在2021年一季度发布的《中国货币政策执行报告》中指出，我国是大宗商品主要进口国，原油、铁矿石和铜等进口依存度较高，对PPI影响较大，国外通胀走高的输入性影响可能在二、三季度阶段性地推高我国PPI涨幅。

与此同时，也有观点认为，我国已经成为经济大国，主要大宗商品需求占全球比重较大，我国供求市场状况对大宗商品价格的影响力越来越大，国内需求市场变动才是影响价格的主因，客观上具有“巨型经济体”的地位和影响，“小国模型”“价格接受者”之类假定并不适用，因此输入性通胀对我国可能不太成立（卢锋，2008；朱鹤、盛中明，2021；伍戈，2011；彭文生，2021）。

可以发现，目前关于我国是否面临输入性通胀的争论颇多。那么，作为经济大国，“我国是否还会面临输入性通胀以及如何应对”这一研究课题对我国更好地治理通胀具有重要的理论和现实意义。

一、输入性通胀的概念、前提条件和传导渠道

（一）概念

目前关于输入性通胀的概念尚未有统一的定义。Cagan（1980）认为输入性通胀由外部因素引发，并且无法通过本国

货币政策进行调控。卢锋（2008）认为输入性通胀一般有两种含义：一种是基于货币学派的视角，是指在经济全球化的背景下，部分国家货币（该国货币一般是国际货币）过量扩张，通过贸易、投资和汇率等渠道进行传导，从而推动国内通胀；另一种是外部冲击推动大宗商品价格波动，通过进口推动价格上涨，并通过成本推动机制向特定经济体引入通胀，从而使得通胀成为全球现象。

Kolodko（1987）从输出通胀的角度提出，需求大于供给或成本上升推动价格上涨，通过过剩需求或成本传递给其他国家，进而输出通胀。王双进（2013）指出，输入性通货膨胀是指在开放的经济社会中，国内外市场联系密切，当国外生产要素或商品价格上涨时，通过某些传导途径引起国内物价普遍地持续上涨的现象。

总体而言，输入性通胀主要是指由外部因素导致的本国物价持续上涨，概念比较容易理解，难点在于识别是否存在输入性通胀以及其传导渠道。

（二）前提条件

输入性通胀发生的前提必须是开放经济体，如果一个国家是封闭经济体，那么肯定不会有输入性通胀。

小国和大国的通胀传导机制存在差异，小国往往无法对国际商品价格产生影响，扮演着价格接受者的角色。研究小国输入性通胀的模型是“纳维亚模型”（Helmutf，1984）。根据该模型，小国开放经济的通胀率取决于世界通货膨胀率、开放部门与非开放部门之间劳动生产率的差异、开放部门与非开放部门在国民经济中所占的比重。小国开放经济在国际贸易中是价格接受者，世界通货膨胀率是影响小国通货膨胀的重要因素。

但是，对于大国而言，由于经济体量较大，不再是简单的价格接受者，其国内需求会影响国际大宗商品的价格变化。所以研究大国的输入性通胀更加复杂，需要判断通胀的成因是国内因素还是外部因素，或者是两者的混合。

（三）传导渠道

输入性通胀发生的传导渠道主要有如下三条。

1. 成本推动渠道

成本推动渠道的传导过程为：由国外因素引发的国际商品价格上涨→进口价格上涨→国内价格上涨。

以原油为例，外部因素推动国际石油价格上涨后，会直接提高国内原油价格。同时，原油作为一种基础能源，涉及的产业链比较长，价格上涨会向国内下游产业链传导（尚鸣，2006）。此外，原油价格上涨也会抬升通胀预期，推动价格上行。

有文献认为，成本推动渠道建立在三点前提假设基础之上：一是进口价格上涨的事实背景，二是对象国具有价格接受者地位的小国假定，三是固定汇率制的政策安排，三点都是必要条件（卢锋，2008）。笔者认为，第一条是输入性通胀发生的事实基础，也是必要条件，但是第二、第三条假设不一定是必要的。第二个假设，对于多极化的世界经济格局来说，即使是大型经济体，也很难单独影响国际大宗商品的价格，因此不一定只有作为价格接受者地位的小国才会面临输入性通胀。第三个假设，即使是浮动汇率制，汇率变动也未必能够完全消纳国际大宗商品价格上涨的影响，因此未必是固定汇率制才会面临输入性通胀。

2. 货币供给渠道

货币供给渠道即国别货币充当世界储备货币，通过发行货币向世界输出通胀（马涛，2011）。一国实施扩张性货币政策，在经济全球化背景下，货币会通过国际资本或者国际贸易向其他国家流动，大量国际资本流入带来货币升值预期。为了维持本国汇率稳定，央行被动投放基础货币，从而国内经济过热引发通货膨胀，其主要传导路径为：外资流入或外部实体需求增加→贸易顺差或资本金融账户顺差→汇率升值预期→外汇占款增加促进基础货币投放→国内经济过热→通货膨胀。该渠道成立的必要条件是该国货币不是国际货币并且实行固定汇率制，如果是浮动汇率制，那么政府可以放任汇率波动，一方面可以避免被动投放基础货币，另一方面可以防止外资过度流入，因而也不会带来通货膨胀。

刘煜辉（2007）、乔海曙和邓婷（2007）认为，美元本位制下美元的滥发是美国向我国输入通胀的主要渠道。

3. 汇率渠道

当本国汇率大幅贬值时，假设进口商品的外币价格不变，那么，以本币表示的进口商品价格会大幅上涨，并可能向下游传导，引发国内通胀。该渠道成立的必要条件是主要商品的进口依存度较高、替代弹性较低。如果一国对进口商品的依赖程度较低或者替代弹性较高，那么，即使汇率变动也不会对其国内通胀产生很大影响。

从输入性通胀的传导渠道来看，第一种渠道主要是成本推动型通胀；第二种渠道主要是需求推动型通胀，因此区别输入性通胀是第一种渠道还是第二种渠道的关键在于是否存在需求回升；第三种渠道的主要特征是汇率出现大幅贬值。

二、我国历次通胀上行中的输入性因素

本章主要使用PPI同比走势来界定通胀上行，主要理由是：第一，我国CPI易受农产品尤其是猪肉、蔬菜、水果等价格扰动，而PPI与宏观经济走势的关联度更高，能更好反映宏观意义上的“通胀”情况；第二，相对于CPI，输入性通胀在PPI运行上表现更为明显。

根据PPI走势，21世纪以来，我国经历了4轮明显的通胀上行，分别是2002—2008年、2009—2011年、2016—2017年、新冠肺炎疫情暴发以来至今。

在区别大宗商品引发的通胀上行是国内因素和国外因素时，本章界定标准是：原油对外依存度较高并且国内需求占全球比重低，属于典型的海外定价；煤炭、钢铁主要依赖国内供给，价格波动更多受国内因素影响；有色金属价格则取决于全球供给和需求，我国是全球最重要的有色金属生产和消费国，

区分是否是国内因素或国外因素，关键看价格波动源于国内供需因素还是国外供需因素。

综合来看，加入WTO后到金融危机之前，输入性通胀主要通过货币渠道来推升我国的通胀水平，并且影响幅度相对较大。金融危机后，输入性因素对我国通胀的影响在下降。同时，从传导渠道来看，大宗商品价格上涨所带来的成本推动型渠道成为输入性通胀传导的主要方式。

上述内容具体参见图6–1所示。

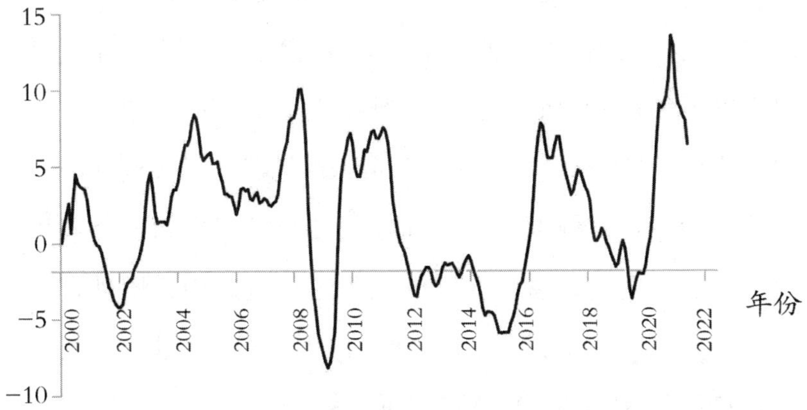

图6–1　2000年以来我国PPI走势（单位：%）

数据来源：国家统计局。

（一）2002—2008年：输入性因素是主要因素

21世纪初，美国互联网泡沫破灭，经济增长陷入瓶颈，美联储随即连续大幅降息以刺激经济增长，自2001年开始13次降息，联邦基金目标利率从6.5%降至1%，导致美元流动性泛滥，向全球扩散。

与此同时，2001年中国加入WTO，对外开放程度进一步扩大，巨额的外资以及暗涌的“热钱”流入我国，实际利用外资金额从468.68亿美元扩大至923.95亿美元。

美联储降息刺激实体需求，货币宽松极大刺激了房地产市场发展，美欧等全球主要经济体持续复苏。低成本劳动力比较优势推动我国出口快速增长，出口金额从2001年0.27万亿美元增长至2008年的1.43万亿美元，翻了5倍多。由于出口快速增长和外资持续流入，我国国际收支呈现出“双顺差”的格局，经常项目顺差从174.05亿美元扩大至4205.69亿美元，资本和金融项目顺差从468.78亿美元扩大至923.95亿美元。双顺差格局使得我国积累了大量外汇储备，为了维持人民币汇率稳定，央行大量购入外汇，外汇资产从2001年的1.9万亿美元增长到2008年的16万亿美元左右，外汇资产快速增长使得外汇占款成为我国基础货币供给的主要渠道，在中国人民银行资产中，国外资产占比在80%左右，而国外资产中的95%以上来源于外汇占款。

上述内容参见图6–2、图6–3所示。

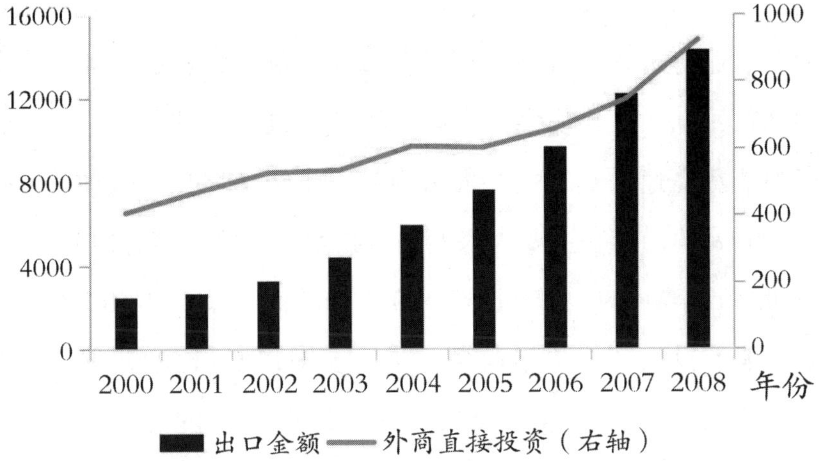

图6–2　2002年以来我国出口金额和外商直接投资额（单位：亿美元）

数据来源：国家统计局。

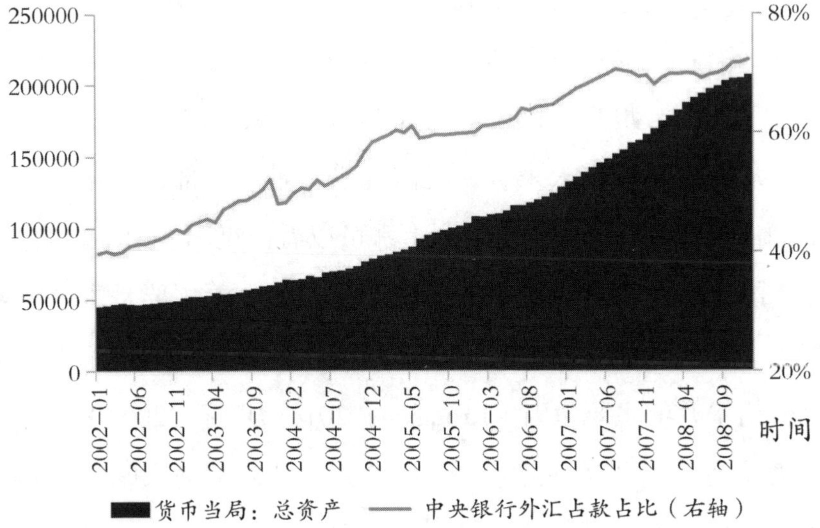

图6–3　中央银行总资产和外汇占款比重（单位：亿元）

数据来源：中国人民银行。

与此同时，央行被动投放更多基础货币，加速了我国城镇化和工业化进程，2008年城镇化率达到48%，较2000年提高了10.8个百分点。城镇化和工业化快速推进，拉动了固定资产投资和消费高速增长，主要大宗商品需求快速增长，叠加美元进入贬值周期，推动主要大宗商品价格水平大幅上涨，PPI同比增速从2002年2月的-4.2%上行至2008年8月的历史高点10.1%。

基于投入产出价格模型，进一步对PPI同比增速上行的驱动力进行拆解后发现，煤炭开采和洗选业的价格同比增速从17.4%回升至39%，推动PPI同比增幅上行1.1个百分点；黑色金属冶炼及压延加工业的价格同比增速从-3.8%回升至29.9%，推动PPI同比增幅上行4.3个百分点；石油和天然气开采业的价格同比增速从-22.5%回升至37.4%，推动PPI同比增幅上行5.3个百分点；有色金属冶炼及压延加工业的价格同比增速从-8%回升至-2.3%，推动PPI同比增幅上行0.4个百分点。

从有色金属需求来看，我国几乎贡献了全部的全球有色金属的需求增量，因此有色金属上涨可以看作是国内因素影响。

综上所述，这一时期的通胀上行表面上看主要是国内因素所致，同时也有文献认为中国需求的快速增长是21世纪大宗商品价格攀升的主要原因（Krugman，2011；卢锋，2008），但是笔者认为美元全球泛滥才是根本原因。国际贸易大幅增长和外资流入使得我国国际收支呈现出“双顺差”的格局，以外汇占款为主导的货币投放方式导致了国内流动性偏多，促进国内经济过热进而推动了通胀上行。

中国人民银行为了控制外汇储备增加导致的基础货币投

放，采取了公开市场操作、发行央行票据、调整法定存款准备金率等政策工具。中国人民银行通过公开市场操作，大规模出售国债以冲销过剩流动性。随着“双顺差”规模持续扩大，2003年中国人民银行创设央行票据，通过发行央行票据来吸收过剩流动性，到金融危机暴发前，央行票据发行余额超过4万亿元。此外，提高存款准备金率可以冻结部分流动性，2003年9月起央行持续上调存款准备金率超过10个百分点，到2008年上半年，存款准备金率高达17.5%，以上政策总体上有效吸收了部分过剩流动性。

上述内容参见图6–4所示。

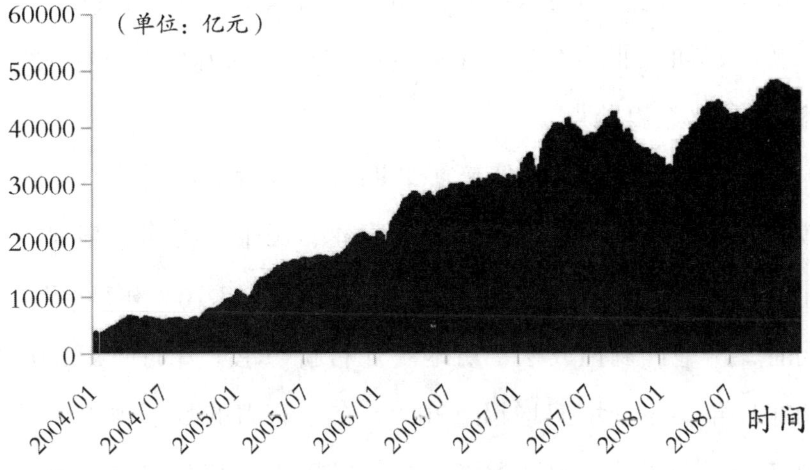

图6–4　2004年以来央行票据未到期量

数据来源：Wind。

（二）2009—2011年：国内因素与输入性因素共同主导

2007年美国次贷危机暴发，并向全球蔓延，美联储当年四季度起连续10次降息，联邦基金目标利率降至0.25%，并且2008年四季度采取了量化宽松的非传统货币政策，美联储购入国债。

海外各国政府也纷纷出台扩张性宏观经济政策。2010年后，各国陆续从金融危机中恢复，推动国际大宗商品价格上涨并向中国国内传导，石油和天然气开采业的价格同比增速从-42.9%回升至30.8%，推动PPI上行3.7个百分点。美国等主要经济体的有色金属需求回升推动了价格大幅上涨，有色金属冶炼及压延加工业的价格同比增速从-23.7%回升至21.6%，推动PPI上行3.6个百分点。

为应对危机，我国实施了“四万亿”投资计划的财政刺激政策，主要用于基础设施、灾后重建、民生工程等。基础设施建设投资2009年和2010年的增速分别高达42.16%和18.47%。同时，房地产调控放松，房地产开启新一轮上升周期，2009年和2010年的投资增速均超过20%。在强有力的政策刺激下，中国经济率先回升，力度远强于其他经济体。与此同时，国内定价的煤炭、黑色金属的价格涨幅明显，煤炭开采和洗选业的价格同比增速从-6.0%回升至9.9%，推动PPI上行0.7个百分点。黑色金属冶炼及压延加工业的价格同比增速从-24.8%回升至13.5%，推动PPI上行3.3个百分点。

这一时期，PPI同比从2009年7月的-8.2%上升至2011年7月的

7.5%，通胀上行源于海外经济复苏，叠加国内需求侧刺激政策的推动，输入性因素主要源于原油、有色金属的价格大幅上涨。

为应对高通胀，政府财政刺激政策逐步退出，基建投资增速快速下滑，央行收紧货币政策，2010年1月18日起累计上调法定存款准备金率5.5个百分点，并于2010年10月20日起累计上调金融机构人民币存贷款基准利率1个百分点。由于财政政策和货币政策收紧，2011年下半年后通胀水平开始回落。

（三）2016—2017年：输入性因素和国内因素共同推动

2016年以来，全球经济持续复苏，摩根大通全球综合PMI反弹至荣枯线以上，全球经济增长率回升至3%以上。同时，受“OPEC+”联合减产影响，原油供需偏紧，价格大幅上行，我国石油和天然气开采业的价格同比增速从-37.3%回升至85.3%，推动PPI上行6.1个百分点。

2014年以来，我国央行货币政策调整框架逐渐转变，中国人民银行资产中的国外资产占比下降，由2014年的82.37%降至2017年的60.94%，国内资产占比上升，由2014年的14.24%增加至2017年的34.05%，这背后反映出央行由被动投放货币转向主动投放，公开市场操作和再贷款成为央行投放货币的主要方式。从另一个层面也反映出，货币渠道引发的输入性因素对通胀的影响在弱化。

与此同时，金融危机后“四万亿”的刺激加剧了供需矛盾，我国产能过剩问题逐渐凸显，2015年底中央提出供给侧结构性改革，特别是“三去一降一补”，对产能扩张进行严格控制和存量产能清理，国内钢铁、煤炭等行业的产能及产量均大幅下降。

而需求端则保持相对强劲，房地产调控放松推动房地产开发投资持续回升。国内定价的煤炭、钢铁价格涨幅明显，煤炭开采和洗选业的价格同比增速从–17.2%回升至39.6%，推动PPI上行2.7个百分点；黑色金属冶炼及压延加工业的价格同比增速从–20.8%回升至40.1%，推动PPI上行5.2个百分点。

与此同时，我国是推动全球有色金属消费需求回升的重要力量。2017年，全球精炼铜的消费较2015年增加34.46万吨，其中，我国消费增长43.74万吨，因此有色金属上涨可以看作是国内因素影响。有色金属冶炼及压延加工业的价格同比增速从–13.9%回升至19.5%，推动PPI上行2.7个百分点。

上述内容具体参见图6–5所示。

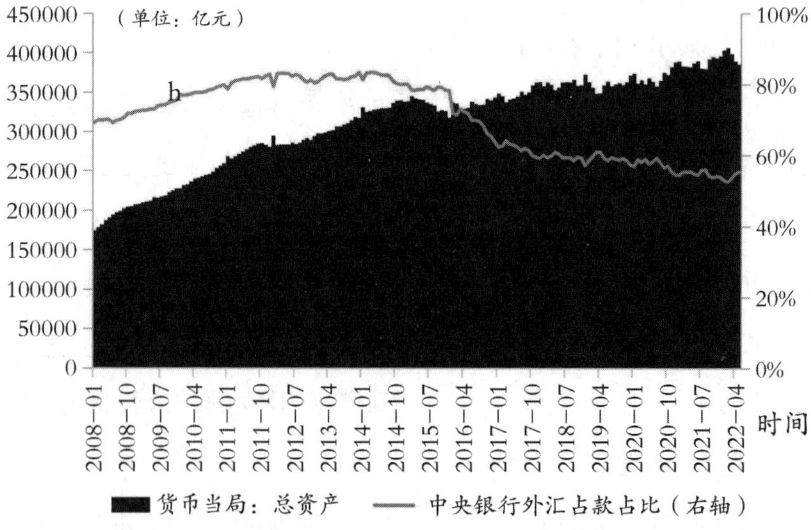

图6–5　中央银行总资产和外汇占款比重

数据来源：中国人民银行。

这一时期，PPI同比从2015年底的–5.9%上升至2017年2月的7.8%。通胀上行主要是国内供给侧和输入性因素共同主导的结果，输入性因素主要源于国际油价的大幅上涨。

（四）新冠肺炎疫情暴发以来：输入性因素和国内因素共同推动

2020年二季度后，我国率先控制住疫情，实现复工复产和经济复苏，经济增速已基本恢复至潜在增长率附近，率先成为推动全球经济复苏的重要力量。同时，国内钢铁等高耗能、高碳排放量的行业去产能“回头看”，供需错配，推动了螺纹钢、动力煤等国内大宗商品的期货价格创历史新高，煤炭开采和洗选业的价格同比增速从–8.8%回升至103.7%，推动PPI上行5.3个百分点；黑色金属冶炼及压延加工业的价格同比增速从–8%回升至39.9%，推动PPI上行4.1个百分点。

与此同时，美联储领衔全球央行大规模释放流动性，美联储资产负债表规模从疫情前的4.2万亿美元扩张到7.6万亿美元的历史高位，美元流动性泛滥叠加全球供给恢复慢于需求，驱动了大宗商品价格快速上涨。石油和天然气开采业的价格同比增速从–57.6%回升至59.7%，推动PPI上行5.9个百分点；有色金属冶炼及压延加工业的价格同比增速从–4.4%回升至29.5%，推动PPI上行2.7个百分点。

同时，海外因素是推动有色消费需求回升的重要力量，2021年全球精炼铜的消费增长30.1万吨，而我国的消费量下降35.1万吨，因此有色金属上涨可以看作是国外因素影响。

上述内容参见图6–6所示。

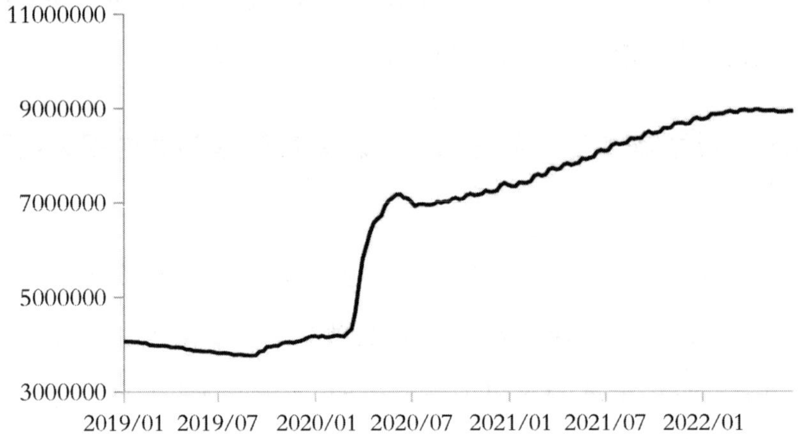

图6–6　美联储资产规模短期快速大幅上升（单位：百万美元）

数据来源：美联储。

这一时期，PPI同比从2020年5月的–3.7%上升至2021年10月的历史高点13.5%。通胀上行主要是输入性因素和国内因素共同推动，输入性因素主要源于国际原油和有色金属价格的大幅上涨。

为应对大宗商品价格上涨，政府在保持宏观政策连续性、稳定性、可持续性的同时，采取了一系列保供稳价举措，比如：打击投机炒作，相关部门约谈铁矿石、钢材、铜、铝等重点企业、行业协会和有关期货交易所，开展联合调研和专项调查，督促企业守法合规经营、有关交易所和交易中心强化市场运行监测监控和风险控制；出台《重要商品和服务价格指数行为管理办法（试行）》，规范价格指数编制与发布；供需两端双向发力，调整部分钢铁产品关税，对生铁、粗钢、废钢等实行零进口暂定税率，适当提高部分钢铁产品的出口关税，取消部分钢铁产品的出口退税；多批次组织投放铜、铝、锌等国家储备，督促重点煤炭企业在确保安全的前提下增产增供，抑制“两高”项目盲目上马。此后，铁矿石、钢材等大宗原材料的价格出现了不同程度的回落。

上述内容具体参见专栏6-1所示。

专栏6-1　钢铁、铁矿石保供稳价的调控举措

按照党中央、国务院决策部署，有关部门密切跟踪监测大宗商品的价格走势，综合施策、持续发力。针对投机炒作问题，约谈铁矿石、钢材、铜、铝等重点企业和行业协会，约谈有关期货交易所，多次赴有关交易中心、地方及重点企业进行联合调研和专项调查，督促企业守法合规经营、有关交易所和交易中心强化市场运行监测监控和风险控制；针对供需错配问题，调整部分钢铁产品关税，对生铁、粗钢、废钢等实行零进口暂定税率，适当提高部分钢铁产品出口关税，取消部分钢铁产品出口退税，同时，在“房住不炒”的政策背景下，对房地产开展调控；针对中下游行业特别是中小微企业经营困难，加大税收政策支持力度，将普惠小微企业两项直达货币政策工具的期限及部分减负稳岗扩就业政策的期限延长至2021年底。相关举措已经取得了初步成效，市场投机炒作开始降温，供需偏紧态势缓解，铁矿石、钢铁等产品价格逐步回落。

一、针对投机炒作问题，加强预期引导和市场调控

随着国际大宗商品市场不断金融化，投机因素已经超越实体供需因素，成为大宗商品价格变动的主导力量（韩立岩、尹力博，2012；黄河 等，2013）。

1. 党中央、国务院高度关注大宗商品价格波动，多次强调稳住大宗商品价格，引导市场预期

党中央、国务院多次会议关注大宗商品价格。2021年4月8日，国务院金融委会议强调要保持物价基本稳定，特别是关注大宗商品价格走势。4月9日，经济形势专家和企业家座谈会强调加强原材料等市场调节，缓解企业成本压力。5月12日，国务院常务会议要求跟踪分析国内外形势和市场变化，有效应对大宗商品价格过快上涨及连带影响。5月19日，国务院常务会议提出保障大宗商品供给，遏制其价格不合理上涨。5月26日，国务院常务会议提出多措并举帮助小微企业、个体工商户应对上游原材料涨价影响。

国家发展改革委积极引导铁矿石保供预期。在新闻发布会上表示，针对铁矿石供给保障问题，将充分利用国内国际两个市场两种资源。从国内看，将加大铁矿资源勘察开发力度，加快推进国内铁矿新项目和在产资源接续项目建设，统筹做好社会再生钢铁资源回收利用，提升国内资源保障能力。国际方面，发挥企业主体作用，鼓励有条件的企业积极稳妥开发境外铁矿石资源。完善多元进口供应

体系，鼓励企业拓宽铁矿石进口渠道，有序推进境外再生钢铁原料进口和资源利用，优化供给结构。

同时，国家发展改革委出台《关于“十四五”时期深化价格机制改革行动方案的通知》，强调健全监测预测预警体系。运用现代信息技术，健全价格监测预测预警系统，完善价格监测分析制度和风险预警框架。动态跟踪分析国内外市场形势，一体监测重点商品生产、运输、销售、成本、价格动态，加强综合研判和趋势分析，强化风险评估和预测预警。同时，加强对铁矿石、铜、原油、天然气、玉米、大豆、食用油等大宗商品市场动态和价格形势的跟踪分析，深入研判输入性影响，及时提出储备、进出口、财税、金融等综合调控措施建议，推动有关方面做好保供稳价工作。

2. 加强期（现）货市场联动监管，打击过度投机炒作

期货交易所提高手续费或者保证金，可以提高投机成本，进而打击过度投机炒作。2020年12月18日，大连商品交易所发布通知，自2020年12月22日交易时（即12月21日夜盘交易小节时）起，铁矿石期货交易手续费标准调整为成交金额的万分之一。2021年5月10日，大连商品交易所发布市场风险提示公告，近期市场运行不确定因素较多，大宗商品特别是焦煤、焦炭和铁矿石价格波动较大。同时，调高铁矿石期货合约涨（跌）停板幅度与交易保证金。

此轮钢铁价格上涨有供给的原因，但更多是基于市场预

期，投机因素对推动价格上涨起到了很大作用。在钢铁、铁矿石的价格于2021年5月12日达到顶点后，5月12日、5月19日、5月26日国务院常务会议在14天内三次提及大宗商品，引导市场预期，同时期货交易所提高交易保证金和手续费，打击投机行为，钢铁、铁矿石的价格随后大幅下跌。

3. 加强监管以规范市场运行秩序

国家发展改革委价格司与国家市场监管总局价监竞争局赴北京铁矿石交易中心开展调研，详细了解2021年以来铁矿石交易及价格变化情况，并召开专题座谈会，研究做好铁矿石等大宗商品保供稳价工作。会议指出，铁矿石价格大幅上涨并持续高位运行，加大了中下游企业生产经营压力，引起社会各方面高度关注。国家支持铁矿石现货交易平台健康发展，鼓励相关市场主体依法合规交易，同时将密切关注现货交易价格变化，及时排查异常交易和恶意炒作行为，对达成实施垄断协议、散播涨价信息、哄抬价格、囤积居奇等行为将依法予以严厉处罚并公开曝光，维护良好市场秩序。

4. 约谈重点企业

国家发展改革委、工业和信息化部、国务院国资委、国家市场监管总局、中国证监会等5个部门召开会议，联合约谈了铁矿石、钢材等行业具有较强市场影响力的重点企业。会上指出，2021年以来，部分大宗商品价格持续大幅上涨，一些品种价格连创新高，引起各方面广泛关注。本轮价格上涨是多种因素共同作用的结果，既有国际传导因素，也有许多方面反映存在过度投机炒作行为，扰乱正常产销循环，对价格上涨产生了推波助澜作用。要求有关重点企业要提高站位，树立大局意识，积极履行社会责任，促进上下游行业协调发展，维护行业良好生态；要强化法律意识，依法合规有序经营，带头维护大宗商品市场价格秩序，不得相互串通操纵市场价格、捏造散播涨价信息，不得囤积居奇、哄抬价格。同时明确，下一步有关监管部门将密切跟踪监测大宗商品价格走势，加强大宗商品期货和现货市场联动监管，对违法行为“零容忍”，持续加大执法检查力度，排查异常交易和恶意炒作，坚决依法严厉查处达成实施垄断协议、散播虚假信息、哄抬价格、囤积居奇等违法行为。

5. 调研产业发展情况

国家发展改革委赴多地调研钢铁产业发展情况。在福建，调研组实地调研了福州市、宁德市部分钢铁企业，指出2016年以来，按照党中央、国务院关于深化钢铁行业供给侧结构性改革的决策部署，各有关方面持续推进钢铁行业去产能，行业运行和结构调整呈现良好态势，取得了明显成效。但随着钢铁行业效益好转，一些地方和企业存在盲目建设钢铁项目的冲动。为巩固提升钢铁去产能成果，国家发展改革委、工业和信息化部2021年组织开展钢铁去产能“回头看”工作，要切实将思想和行动统一到中央的决策部署上来，深化认识，全面从严，扎实做好钢铁去产能“回头看”各项目工作。同时，在赴铁矿石相关企业调研时指出，要继续加大对国内铁矿开发的支持力度，研究建立部门协同机制，打通国内铁矿开发上的政策堵点，不断提升我国铁矿石自主保障能力，维护我国钢铁行业产业链、供应链的安全。

6. 规范价格指数的发布和编制

由于一些价格指数行为主体系利益相关方、指数信息不公开不透明、命名随意等，特别是部分价格指数编制发布的科学性差、随意性大，扰乱了市场预期，加剧了价格波动。国家发展改革委出台《重要商品和服务价格指数行为管理办法（试行）》，对价格指数行为主体提出一些原则性要求，同时规定价格指数编制方案应当明确价格指数的编制背景和目的、所反映的市场基本情况、采集和计算方法、发布方式和频率、相对价格指数的基期基点等内容，以及需要披露的重点内容。此外还规定价格主管部门可以根据工作需要，会同相关部门对有关价格指数开展评估和合规性审查。

二、针对供需错配问题，加强供需双向调节

供需基本面是决定商品价格最基础的因素。当商品价格出现大幅波动时，可以通过调控供给或者需求，进而稳定商品价格。

1. 钢铁

调整关税。降低关税，扩大钢铁进口。2021年5月，国务院关税税则委员会调整部分钢铁产品进口关税，对生铁、粗钢、再生钢铁原料、铬铁等产品实行零进口暂定税率。调降出口退税，减少钢材出口。2021年以来，两次调降钢材出口退税。2021年4月28日，财政部、国家税务总局联合发布《关于取消部分钢铁产品出口退税的公告》，规定自2021年5月1日起，取消部分钢铁产品出口退税。此次取消出口退税产品主要是热系板材、棒线材及管材等中低端产品，但是保留了电工钢、汽车和家电用钢等高附加值、高技术含量钢材产品的出口退税。适当提高硅铁、铬铁、高纯生铁等产品的出口关税，调整后分别实行25%出口税率、20%出口暂定税率、15%出口暂定税率。7月29日，财政部、国家税务总局联合发布《关于取消钢铁产品出口退税的公告》，规定自2021年8月1日起，取消部分钢铁产品出口退税。两次关于钢铁产品取消出口退税的政策叠加，使得所有成品钢材的出口退税已全部取消。

行业协会倡议。中国钢铁工业协会于2021年5月26日发布《构建平稳有序市场秩序 促进行业高质量发展——钢铁行业自律倡议书》，倡议企业：按需组织生产，维护供需平衡；调整出口战略，保障国内供应；发挥龙头作用，强化区域自律；深化产业链合作，实现互利共赢；抵制恶性竞争，促进有序发展；加强市场监测，及时发出预警；协助市场监管，严防恶意炒作。8月19日发布《正确把握政策导向，共同维护出口秩序——钢铁行业出口自律倡议书》，倡议企业：提高认识，自觉控制出口总量；优化结构，减少普通产品出口；提质增效，促进高端产品出口；加强管理，控制内贸转出口；共同行动，维护出口市场秩序。

出口持续下滑。2021年4月，钢材出口797万吨，达到2017年以来新高。出口退税取消等一系列政策实施后，钢材出口数量一路下滑，11月份出口量降至436万吨，减少361万吨。进口数量波动较小，维持在120万吨左右。粗略估算，进出口政策对国内供给的增量在2000万吨左右，占全年消费的比重在2%左右。

在“房住不炒”的政策背景下，对房地产开展调控。房地产是钢铁的主要下游行业。2020年8月20日，住房和城乡建设部、中国人民银行召开重点房地产企业座谈会，为控制房地产企业有息负债的增长，设置“三道红线”即企业剔除预收款后的资产负债率大于70%、净负债率大于100%、现金短债比小于1倍，并于2021年1月1日起全行业全面推行。2020年12月31日，央行、银保监会发布通知，建立银行业金融机构房地产贷款集中度管理制度，并自2021年1月1日起实施。2021年2月8日，深圳建立二手住房成交参考价格发布机制，随后，成都、东莞、宁波等城市跟进该机制。2021年2月26日，自然资源部公开表示2021年要求各地进一步将住宅用地出让信息合理适度集中，重点城市要对住宅用地集中公告、集中供应。2021年10月15日，《求是》杂志发表习近平总书记的重要文章《扎实推动共同富裕》，文章指出要“积极稳妥推进房地产税立法和改革，做好试点工作”。受“三道红线”、房地产贷款集中管理以及限贷限购等因素影响，房地产投资和新开工面积持续下滑，2021年10月房地产投资和新开工面积同比下降5.4%、33.1%。

2. 铁矿石

压减钢铁产量，减少铁矿石需求。国家发展改革委部署了2021年钢铁去产能“回头看”、粗钢产量压减工作，相关工作将统筹考虑做好“六稳”工作、落实“六保”任务、碳达峰碳中和工作要求，以及钢铁行业平稳运行等因素，稳妥有序推进。各地重点围绕退出产能、项目建设、历次检查整改落实、举报核查等情况开展自查自纠，于2021年5月30日前向钢铁行业化解过剩产能和脱困发展工作部际联席会议办公室报送自查自纠情况。部际联席会议成员单位将分别带队，组成若干个现场检查组，开展钢铁去产能“回头看”实地检查。国家发展改革委、工业和信息化部发布《关于做好2021年钢铁去产能“回头看”检查工作的通知》，“回头看”检查工作的范围，除本区域内没有粗钢冶炼能力的北京、海南、西藏等三省份外，其余29个省份（包括新疆生产建设兵团）、中央钢铁企业均在检查范围内，检查重点涉及退出产能、项目建设、历次检查整改落实、举报核查、健全工作体系、2021年粗钢产量压减工作等6个方面内容。2021年我国粗钢产量同比下降3%，这是过去6年来我国粗钢产量首次同比下降，尤其是下半年同比降幅高达16%。作为炼钢的原材料，粗钢产量下降带动了铁矿石需求下滑，2021年铁矿石的进口量同比下降3.9%。

放开再生钢铁原料进口，对铁矿石形成替代。再生钢铁原料对铁矿石具有替代效应，放开再生钢铁原料进口可以实现降低铁矿石需求。2020年底，生态环境部、国家发展改革委等部门联合发布《关于规范再生钢铁原料进口管理有关事项的公告》，符合《再生钢铁原料》（GB/T 39733-2020）标准的再生钢铁原料，不属于固体废物，可自由进口。2021年再生钢铁原料进口达到55.55万吨。

三、针对中下游行业特别是中小微企业经营困难，加大小微企业扶持力度

国务院常务会议指出，量大面广的小微企业和个体工商户是我国经济韧性、就业韧性的重要支撑。按照党中央、国务院部署，近些年通过持续推进“放管服”改革，特别是2020年实施一系列普惠性纾困政策，有力促进了小微企业和个体工商户发展。截至2021年4月末，全国小微企业总数超过4400万户、个体工商户超过9500万户，成为我国就业主力军。当前国内外环境复杂严峻，小微企业、个体工商户生产经营仍面临困难，要继续有针对性地加强支持。

一是进一步落实“六稳”“六保”政策，保持必要支持力度。落实落细减税降费措施。加大支持小微企业、个体工商户等的普惠金融力度，引导扩大信用贷款、首贷、中长期贷款、无还本续贷业务规模，推广随借随还贷款。

研究将商业汇票承兑期限由1年缩短至6个月，减轻企业占款压力。

二是多措并举帮助小微企业、个体工商户应对上游原材料涨价影响。支持大型企业搭建重点行业产业链供需对接平台，用市场化办法引导供应链上下游稳定原材料供应和产销配套协作，做好保供稳价工作。打击囤积居奇、哄抬价格等行为。支持各地按规定对小微企业、个体工商户给予稳岗就业补贴。督促引导平台降低过高收费、抽成及新商户佣金和推介费比例。

三是加强公正监管。严格落实公平竞争审查制度，对各类市场主体一视同仁，清理废除歧视、妨碍各类市场主体参与市场经济活动的政策和法规。深入推进反垄断、反不正当竞争执法，依法查处具有优势地位的企业为抢占市场份额恶意补贴、低价倾销等行为。整治各种乱收费乱罚款。同时，做好基本保障兜底，推动个体工商户及灵活就业人员参加社保，放开在就业地参保的户籍限制，探索将灵活就业人员纳入工伤保险范围。

三、我国中长期输入性通胀风险分析

随着汇率制度持续改革完善，人民币汇率弹性增强有助于缓解输入性通胀，但是美元外溢风险和主要大宗商品对外依赖度高、定价权缺失等，将使得未来一段时期我国仍面临输入性通胀风险。

（一）人民币汇率改革后，汇率抗输入性通胀的作用增强

国际市场价格变化影响国内市场价格的一个重要渠道就是汇率。当一国实行固定汇率制时，国际市场价格变化会完全传导至国内，当实行浮动汇率制时，国际市场价格会部分传导至国内。

传导渠道主要有两个：一是指汇率变动会引起进口商品价格变动，而进口产品作为中间投入品和最终消费品的一部分，其价格变动会直接影响国内通胀水平；二是由于进口产品和国内产品之间存在一定的替代性，本币贬值将导致进口品的价格上升，进而引起对本国同类可贸易品的需求增加，以致国内可贸易品的价格上升（施建淮 等，2008；王京晶，2011）。

随着汇率制度改革不断推进，人民币汇率弹性不断增强。过去30多年来，我国人民币汇率形成机制总体朝着市场化的方向变革，人民币的市场化程度持续提高。1994年1月1日，汇率并轨改革，将官方汇率与外汇调剂市场汇率并轨，取消外汇留成与上缴，建立全球统一规范的银行间外汇市场，开始实施以市场供求为基础的、单一的、有管理的浮动汇率制度，奠定了我国当前汇率制度的基本框架。2005年7月21日，央行宣布实施以市场供求为基础、参考一篮子货币进行有调节、有管理的浮动汇率制度，人民币汇率不再盯住单一美元。2010年6月19日，央行决定进一步推进人民币汇率机制改革，增强人民币汇率弹性，随后分别在2012年4月16日和2014年3月7日将人民币波动区间扩大至1%和2%，人民币汇率形成机制进一步推进。2015年8

月11日，央行宣布完善人民币汇率中间价形成机制，形成参考上日银行间外汇市场收盘汇率，综合考虑外汇市场供求情况以及国际主要货币汇率变化的中间价形成机制。

人民币汇率弹性增强有助于缓解输入性通胀。国际贸易中，商品主要以美元定价，美元汇率与大宗商品价格负相关，当美元贬值时，商品价格往往会上涨。同时，2015年人民币汇率改革之后，人民币汇率弹性增强，与美元汇率基本同向变动，当美元指数下跌时，人民币兑美元汇率倾向于升值。因此，当美元贬值时，商品价格上涨，输入性通胀压力上升，同时人民币汇率升值，可以抵消部分输入性通胀的压力。因此，人民币汇率弹性增强本身就有内在减轻输入性通胀压力的效应。比如，2020年新冠肺炎疫情暴发后，随着美国大规模量化宽松，美元持续贬值，美元指数从100降至90左右，受流动性宽松、供需错配等因素影响，国际大宗商品价格大幅上涨，我国面临的输入性通胀压力上升。与此同时，人民币汇率升值，人民币兑美元中间价从7升值到6.5左右，升值幅度约为7%，这在一定程度上缓解了输入性通胀压力。未来人民币汇率形成机制将继续朝着市场化方向改革，人民币汇率弹性持续增强，将有助于缓解输入性通胀。

上述具体内容参见图6–7、图6–8所示。

图6-7　人民币与美元汇率

图6-8　大宗商品价格与美元指数

数据来源：Wind。

（二）美元仍是全球主要货币

20世纪70年代后，随着布雷顿森林体系瓦解，“石油-美元”计价机制逐渐形成，美元成为决定国际石油市场的唯一货币，国家之间的贸易主要通过美元来结算，石油、铁矿石、稀土、天然气等大宗商品都是以美元计价，美元在全球贸易定价中占据主导地位，全球主要大宗商品均以美元计价，以美元为中心的大宗商品-美元计价机制基本形成。

与此同时，美元的全球货币锚地位意味着美联储是全球的中央银行，美联储的货币政策可以影响其他国家的经济，其他国家只能被动地接受美国经济政策调整所带来的输入性影响（王金强，2019；胡援成、张朝洋，2012）。

美元在国际货币体系中的中心货币地位和全球主要大宗商品的计价货币地位在短期内还难以被其他货币取代，根据环球银行金融电信协会（SWIFT）发布的全球支付货币排名数据显示，2022年4月美元、欧元支付份额分别以42%、35%大幅领先。因此，美国可以通过利率和美元汇率政策调整来直接影响大宗商品的价格，进而给我国带来输入性影响。

上述内容具体参见图6-9所示。

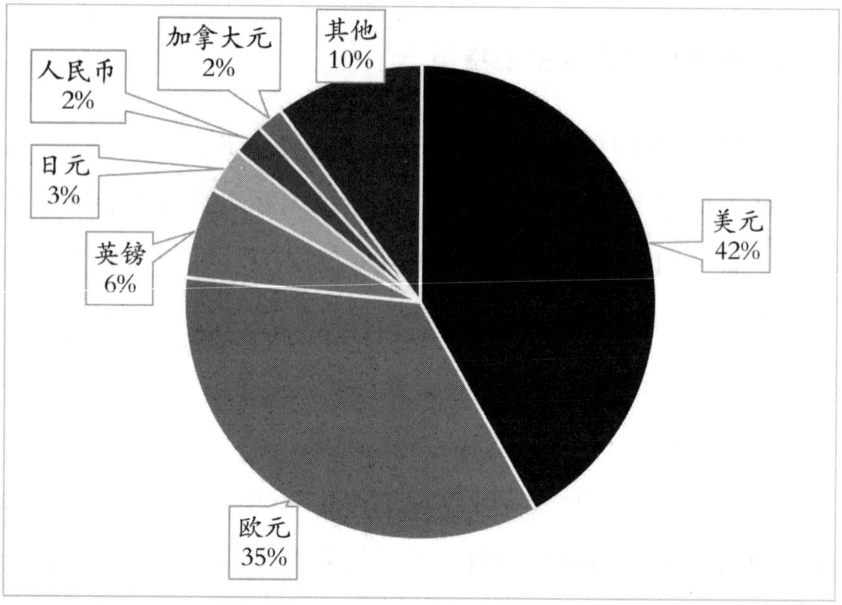

图6–9　全球主要货币所占国际市场支付份额（截至2022年4月）

数据来源：环球同业银行金融电讯协会（SWIFT）。

（三）主要大宗商品的对外依赖度处于高位，定价权缺失

改革开放以来，我国制造业快速发展，逐渐成为全球制造业大国，对上游大宗商品的需求急速增加。在能源和重要矿产的消费量中，占全球比重超过50%的矿种有12种，超过40%的有23种，而我国主要大宗商品资源匮乏，进口依存度处于高位，诸如铁矿石、铜等金属，以及原油、燃料油等能源化工产品的对外依存度在70%以上（王安建、高芯蕊，2020）。

而西方国家及其背后的跨国公司在全球范围内掌握了以安全、生产、金融和知识为源泉的结构性权力，使得我国在大宗商品的定价机制中失去了话语权。以铁矿石为例，三大矿商为首的

跨国公司在铁矿石定价机制方面掌握绝对的话语权（黄河 等，2013；吕云龙，2022）。

考虑到大宗商品需求具有刚性，进口依存度处于高位，叠加结构性权力缺失，使得我国在大宗商品定价机制中失去话语权，当国际大宗商品价格波动时，我国只能被动地承受输入性风险。

四、输入性通胀下宏观调控政策所面临的困境

未来我国仍面临国际大宗商品价格波动所带来的输入性通胀风险，如何应对是政府宏观调控的重点和难点。本小节首先从理论上分析输入性通胀的宏观调控政策应对，并以美国20世纪70年代的“滞胀”为例进行分析。

基于总供给–总需求的宏观经济分析框架，来分析输入性通胀的影响。国际大宗商品价格波动引发的输入性通胀可以看成是一种供给冲击（伍戈，2012）。如图6–10所示，假设总供给曲线AS_1和总需求AD_1在E_1处达到均衡，均衡价格和均衡产出分别为P_1和Q_1。在输入性通胀冲击下，总供给曲线从AS_1移至AS_2，导致均衡点从E_1移至E_2，均衡产出从Q_1下滑至Q_2，而均衡价格则从P_1上升至P_2。因此，输入性通胀往往会使一国面临高通胀、低增长的“滞胀”局面。

如果政府仍想实现其既定的较高的经济增长目标，可采取扩张性的宏观经济政策，使得总需求曲线从AD_1扩张至AD_2，产出从Q_2回升至Q_3，但是价格水平则从P_2进一步上升至P_3。因

此，政府维持一定的产出目标，必须承担一定程度的通胀上升成本。

如果政府实施通胀目标制，为了降低通胀水平而采取紧缩性宏观经济政策，总需求曲线从AD_1左移至AD_3，价格水平从P_2回落至P_4。但是，与此同时，产出则从Q_2跌至Q_4。即为了实现一定的通胀目标，政府不得不承担经济增速下行的成本。因此，在面临输入性通胀时，政府需要在经济增长和通胀之间进行权衡。

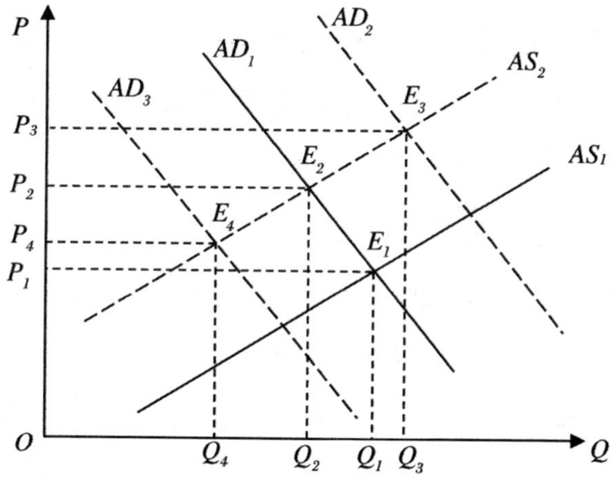

图6-10　输入性因素冲击下的总供给-总需求曲线

20世纪70年代的石油危机引发了发达国家的经济滞胀。70年代的两次石油危机导致油价大幅上行，主要石油消费国的经济面临输入性通胀冲击，陷入“滞涨”困局，主要表现为经济增长大幅回落、失业率攀升，通胀处于高位。

1973年10月，中东第四次战争爆发，阿拉伯国家为了打击以色列及支持以色列的国家，宣布石油禁运，暂停出口，造成油价上涨，原油均价从2.7美元/桶涨到13美元/桶。石油短期价格大幅上涨，对主要经济体构成负面冲击。以美国为例，1974年二季度后GDP陷入负增长，失业率高达9.0%。同时，通胀水平处于较高水平，CPI同比增速超过10%。

1978年底，伊朗政局出现动荡，第二次石油危机爆发。从1978年底至1979年3月初，伊朗停止输出石油60天，使石油市场每天短缺石油500万桶，约占世界总消费量的1/10，致使全球原油供应紧张和价格快速上涨，原油均价从14.5美元/桶涨到40.75美元/桶。美国GDP增速于1980年二季度后陷入负增长，失业率攀升至10.8%的阶段性高点。同时，CPI同比增速达到14.8%的“二战”后最高点。

上述内容具体参见图6-11所示。

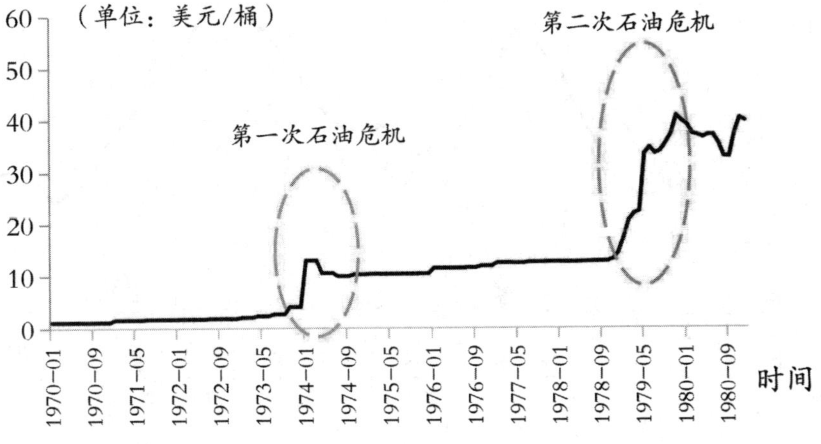

图6-11　中东两次石油危机冲击下的石油价格走势

数据来源：世界银行。

“滞胀”格局使得美联储的货币政策陷入困境，在经济增长与通胀之间左右摇摆。伯恩斯和米勒任美联储主席时期，货币政策深受政治压力影响，焦点侧重于经济增长，每当总统大选或中期选举时，美联储倾向于刺激经济增长，宽松的货币政策使得美国的通胀愈加严重。1979年美国总统卡特任命沃尔克为美联储主席，沃尔克将物价稳定作为美联储的首要货币政策目标，面对高通胀率，沃尔克持续提高联邦基金利率，1980年4月达到历史最高。沃尔克以大幅加息压制住了严重的通胀局面，CPI同比增速从高位持续回落，1983年7月已降至2.5%。但是，沃尔克紧缩货币供应的措施引发了经济衰退，美国GDP增速从1978年的5.5%快速回落至1982年的-1.8%。

上述内容具体参见图6-12所示。

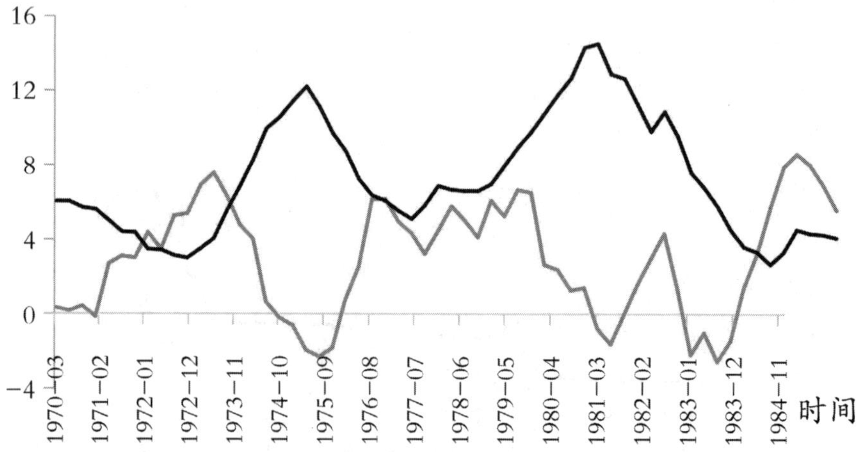

图6-12　1970—1984年美国GDP与CPI走势

数据来源：美国劳工部和联邦经济分析局。

五、应对输入性通胀需采取短期和长期相结合的措施

金融危机之前，我国的输入性通胀主要是基础货币被动发行所致，而金融危机之后主要表现为原油、有色金属等国际大宗商品价格波动所带来的输入性通胀，并且由于美元外溢风险和部分国际大宗商品对外依赖度高、定价权缺失，未来一段时期我国仍面临输入性通胀风险。

从国际经验来看，输入性通胀往往容易使经济陷入“滞胀”或者“类滞胀”局面，引发宏观经济调控政策面临困境。因此，应对输入性通胀既需加强短期调控，同时也需采取中长期措施来解决引发输入性通胀的根源性问题。

短期举措如下。

一是保持宏观调控政策稳定。作为全球重要的大宗商品消费国，我国宏观调控政策变动会明显影响国际大宗商品的价格走势。当面临输入性通胀时，要保持宏观调控政策稳定，避免调控政策动荡而进一步地抬升通胀水平。

二是全力做好大宗商品保供稳价工作。供需两端双向发力，适度降低进口关税，提高出口关税，适时投放大宗商品国家储备，督促重点企业在确保安全、环保的前提下增产增供。遏制“两高”项目盲目发展。打击投机炒作，加强期现货市场联动监管，排查异常交易和恶意炒作行为。

三是持续增强人民币汇率弹性。继续推进汇率的市场化改

革，完善以市场供求为基础、参考一篮子货币进行有调节、有管理的浮动汇率制度，更好发挥汇率调节宏观经济的作用，以对冲外部不稳定性不确定性的输入性冲击。

中长期举措如下。

一是稳步推进人民币国际化。着力增加对人民币的需求，以双边和多边区域合作为突破口，建立和巩固货币互换协议，探索推进更高水平的贸易投资便利化，不断消除境内外限制人民币使用的障碍。深化金融市场改革，实现更高水平的金融业对外开放，进一步便利境外投资者使用人民币投资境内金融资产。发展和完善人民币离岸市场体系，推动人民币离岸市场与在岸市场协调发展。

二是提升国际大宗商品的定价权。充分发挥人民币的计价和结算功能，利用我国作为国际大宗商品主要需求国的地位，推出相应的期货交易，推动大宗商品的计价和贸易采用人民币，争取国际定价权。提升海外资源的获取能力，通过合资、参股、控股等模式，加大海外资源开发。整合供应渠道、组建采购联盟，加快培育具有全球竞争力的国际大宗商品的供应链服务企业。

参考文献

曾才生.大宗商品国际定价权的金融视角分析[J].求索,2010(11):51−53.

邓超,袁倩.基于VAR模型的铁矿石国际定价权研究[J].统计与决策,2016(09):162−164.

冯明,刘阳阳.国际石油价格变动对中国通货膨胀的时变影响及结构性冲击[J].世界经济与政治论坛,2017(04):103−123.

管清友,张明.国际石油交易的计价货币为什么是美元[J].国际经济评论,2006(04):57−60.

韩立岩,尹力博.投机行为还是实际需求——国际大宗商品价格影响因素的广义视角分析[J].经济研究,2012,47(12):83−96.

胡援成,张朝洋.美元贬值对中国通货膨胀的影响:传导途径及其效应[J].经济研究,2012,47(04):101−112+,123.

黄河,谢玮,任翔.全球大宗商品定价机制及其对中国的影响:结构性权力的视角——以铁矿石定价机制为例[J].外交评论(外交学院学报),2013,30(02):17−29.

姜洋.发现价格:期货和金融衍生品[M].北京：中信出版社，2018.

姜洋.期货市场国际化[M].北京：中信出版社，2020.

李艺,汪寿阳.大宗商品国际定价权研究[M].北京：科学出版社,2007.

李长久. 马六甲：世界上最繁忙的海运“通道”[N]. 经济参考报, 2018-09-21(003).

李正强,马瑾.大宗商品人民币定价中心建设[J].中国金融,2018(06):62-64.

梁芳.美国控制海上战略通道的理论实践与启示[J].中国海洋大学学报(社会科学版),2019(05):39-46.

林伯强,牟敦国.能源价格对宏观经济的影响——基于可计算一般均衡(CGE)的分析[J].经济研究,2008,43(11):88-101.

林伯强,王锋.能源价格上涨对中国一般价格水平的影响[J].经济研究,2009,44(12):66-79+,150.

刘煜辉.中国通胀输入型特征明显[N].中国经济时报, 2007-10-10(006).

龙少波,胡国良,王继源.国际大宗商品价格波动、投资驱动、货币供给与PPI低迷——基于TVP-VAR-SV模型的动态分析[J].国际金融研究,2016(05):3-14.

卢锋.大国经济与输入型通胀论[J].国际经济评论,2008(04):19-23.

吕云龙,吕越.上游垄断会阻碍“中国制造”的价值链跃升吗——基于价值链关联的视角[J].经济科学,2018(06):44-55.

吕云龙.大宗商品价格波动传导效应——基于投入产出价格模型的分析[J].上海经济研究,2022(02):105-114.

吕云龙.国际大宗商品定价权研究[J].宏观经济研究, 2022(01):5-14+,145.

马涛.如何化解输入型通胀压力[N].人民日报,2011-05-12(007).

马相东. 为什么要提升重要大宗商品的价格影响力[N]. 学习时报, 2021-04-21(002).

潘昭帅,张照志,杨巍,张兰英.铁矿石主流定价工具的比较研究——兼析铁矿石定价机制的演进发展[J].价格理论与实践,2020(07):85-88.

彭文生.防滞胀关键在于增强供给弹性[J].国际金融,2021(06):19−22.

乔海曙,邓婷.我国输入型通货膨胀:形成机理与中国样本[J].宁夏大学学报(人文社会科学版),2007(02):112−118.

任泽平,潘文卿,刘起运.原油价格波动对中国物价的影响——基于投入产出价格模型[J].统计研究,2007(11):22−28.

任泽平,杨建龙,武康平.基于成本传导能力模型的实证研究[J].统计研究,2008(10):46−53.

任泽平.能源价格波动对中国物价水平的潜在与实际影响[J].经济研究,2012,47(08):59−69+,92.

尚鸣.警惕输入型通胀[J].经济,2006(10):42−43.

施建淮,傅雄广,许伟.人民币汇率变动对我国价格水平的传递[J].经济研究,2008(07):52−64.

舒建中.美国国际海运主导地位的确立及其启示[J].太平洋学报,2018,26(07):48−58.

苏珊·斯特兰奇.国家与市场（第二版）[M].上海：上海人民出版社,2019.

隋颜休,郭强.期货市场的投机因素对国际油价波动的影响——基于2000—2013年的结构断点分析[J].宏观经济研究,2014(08):100−113.

汤铮铮.全球低通胀趋势尚未改变[N].经济参考报，2019−06−19(007).

滕泰,羿伟强,赵虹,杨东华.全球大宗商品供求价格弹性分析[J].世界经济研究,2006(06):59−64.

王安建,高芯蕊.中国能源与重要矿产资源需求展望[J].中国科学院院刊,2020,35(03):338−344.

王继源,陈璋,陈光.国际石油价格下跌对我国输入性通缩的影响分析——基于投入产出价格影响模型[J].中国物价,2015(07):22−24+,43.

王金强.大宗商品定价中的美元霸权分析[J].社会科学,2019(05):12-26.

王京晶.开放经济输入型通货膨胀问题研究——基于中国数据的实证检验[J].亚太经济,2011(03):116-121.

王双进.外部输入还是对外输出我国输入型通胀问题刍议[J].商业时代,2013(24):52-53.

王雪松.价格传导机制在中国的实证分析[J].价格理论与实践,2007(09):29-30.

吴周恒,李静鸿,王明炘.国际大宗商品价格导致中国上下游价格的时变传导效应[J].经济理论与经济管理,2018(09):90-102.

伍戈,李斌.成本冲击、通胀容忍度与宏观经济政策[J].经济理论与经济管理,2012(03):48-52.

伍戈.输入型通胀与货币政策应对:兼议汇率的作用[J].国际经济评论,2011(06):49-57+,4.

尹力博,韩立岩.外部冲击对PPI指数的结构性传导——基于FAVAR模型的全视角分析[J].数量经济与技术经济研究，2012,29(12):66-81.

尹力博,柳依依.中国商品期货金融化了吗——来自国际股票市场的证据[J].金融研究,2016(03):189-206.

张超.长期输入型通胀的隐忧与应对[J].中国金融,2011(03):73-74.

张希栋,娄峰,张晓.中国天然气价格管制的碳排放及经济影响——基于非完全竞争CGE模型的模拟研究[J].中国人口·资源与环境,2016,26(07):76-84.

赵俊强.国际大宗商品价格波动对我国经济运行的传导机制及应对策略[J].价格理论与实践,2017(06):23-26.

赵雪情,刘玥君.全球跨境支付体系下SWIFT的功能定位与大国博弈[J].

中国货币市场,2022(05):11−15.

周金涛. 涛动周期论[M]. 北京：机械工业出版社,2017.

朱鹤,盛中明.中国需要担心输入性通胀吗[R].中国金融四十人论坛,2021.

Akram Q F. Commodity prices, interest rates and the dollar[J]. Energy economics, 2009, 31(6): 838−851.

Cabrales C A, Granados Castro J C, Ojeda Joya J. The effect of monetary policy on commodity prices: disentangling the evidence for individual prices[J]. Economics Research International, 2014.

Cagan P. Imported Inflation 1973−74 and the Accommodation Issue[J]. Journal of Money, Credit and Banking, 1980, 12(1): 1−16.

Clark T E. Do Producer Prices Lead Consumer Prices[J]. Economic Review−Federal Reserve Bank of Kansas City, 1995, 80: 25−25.

Furlong F, Ingenito R. Commodity prices and inflation[J]. Economic Review−Federal Reserve Bank of San Francisco, 1996: 27−47.

Helmutf F. Theories of Inflation[M]. Cambridge University Press, 1984.

Hooker M A. Are Oil Shocks Inflationary? Asymmetric and Nonlinear Specifications Versus Changes in Regime[J]. Journal of Money, Credit and Banking, 2002, 34(2):540−561.

Kilian L. Not all oil price shocks are alike: Disentangling demand and supply shocks in the crude oil market[J]. American Economic Review, 2009, 99(3): 1053−69.

Kolodko G W . International Transmission of Inflation: Its Economics and Its Politics[J]. World Development, 1987, 15(8):1131−1138.

Krugman P. The increasing returns revolution in trade and geography[J]. American Economic Review, 2009, 99(3): 561−71.

Krugman P. Will China Break. New York Times[N]. Vol.161, Issue 55624, 2011−12−19.

Thomson A S, Summers P M. The Effect of Monetary Policy on Real Commodity Prices: A Re−examination[J]. Journal of Economics (0361−6576), 2012, 38(1).

Wu L, Li J, Zhang Z X. Inflationary Effect of Oil−Price Shocks in An Imperfect Market: A Partial Transmission Input - Output Analysis[J]. Journal of Policy Modeling, 2013, 35(2): 354−369.

Zhang W , Yang J , Zhang Z , et al. Natural Gas Price Effects in China Based on the CGE Model[J]. Journal of Cleaner Production, 2017, 147:497−505.

Cheng H, Xiong W. The financialization of commodity markets[R]. National Bureau of Economic Research, 2013.

Tang K, Xiong W. Index investment and the financialization of commodities[J]. Financial Analysts Journal, 2012, 68(6): 54−74.